© 2023 novum publishing

ISBN 978-3-99131-847-7
Geredigeerd door: Ine van Gerwe
Omslagfoto: Devy I Dreamstime.com
Ontwerp omslag, lay-out & typografie:
novum publishing

www.novumpublishing.nl

Climate neutral
Print product
ClimatePartner.com/16547-2201-1002

ANTON J. DE WIT

Van **Afsluitdijk** tot **Almere** aan het **Weerwater**

novum pro

Dankbaarheid

Wanneer de polder vonken slaat
van goud en groen, van zon en leven;
Als elk gewas te pronken staat
door gulle vruchtbaarheid gedreven.
Dan denk ik, land wat ben je rijk,
polder, wat heb je veel te geven.
Warm en weerbarstig tegelijk
Kom je steeds weer opnieuw tot leven
Wanneer de polder vonken slaat
door mensen die dit land bewonen.
En willen leven metterdaad
en hun gemeenschapszin betonen.
Dan denk ik, land wat ben je rijk,
polder, wat heb je veel te geven.
Als mensen aan elkaar gelijk en ontdekken wat het is: te leven.

Hans de Bondt uit 'De polder, land om lief te hebben'
Wat ging er om in het hoofd van dichter Hans de Bondt toen hij
dit gedicht op papier zette? Zag hij na het droogvallen van de
polders die onafzienbare en onbegaanbare baggervlakten? Zag
hij die werker als een kunstenaar boetseren aan die moeilijke
materie, de bagger? Hebben de vonken tijdens het branden van
het riet de dichter zo gefascineerd dat hij die vonken verbond
aan de toen ontstane, rijke, vruchtbare grond, een nieuwe aarde waar het goed wonen is. Het lijkt mij zeer waarschijnlijk. In
het tweede couplet 'Wanneer de polder vonken slaat' ziet hij
mensen uit alle delen van het land in de polder komen wonen.
Mensen die willen leven metterdaad en aan elkaar gelijk hun
gemeenschapszin betonen. De dichter zag door het handelen van
de nieuwe gemeenschap weer die regen van vonken als bij het
ontstaan van de nieuwe aarde. Een dergelijke vonk, zoals 'het
hospice' in Dronten; gerund door vrijwilligers die zich gesteund
weten door de gehele gemeenschap. Hans de Bondt zag in het

natte hart van Nederland een oase ontstaan, een droomwereld.
Ik mag U wat vertellen van het boetseren.

De geschiedenis van de vaak zo woelige Zuiderzee, het gebied
waar onderstaand verhaal over gaat. Het ontstaan van polders
gemaakt door mensen met knappe koppen, maar vooral door
mensen met enorm veel energie die in hitte en kou de modder
veranderden in prachtige grond waar het goed leven is.

De Zuiderzee

Van land tot water, van water tot land. Honderden meters dikke zandpakketten vullen sedert miljoenen jaren de baai van
de Atlantische Oceaan, waar nu Nederland is. Gedurende die
miljoenen jaren is deze baai opgevuld met materiaal dat door
de zee, de rivieren, de wind en het ijs is aangevoerd. Eens lag de
kust van die baai langs de oost– en zuidgrens van Nederland,
over Duits en Belgisch gebied. Soms ook was de kust ver naar
het noordwesten, voorbij de drempel tussen Engeland en de
noordkust van Jutland, voorbij de Doggersbank. De opvulling
van die baai geschiedde door aanvoer van zand en klei, door
het afsterven van planten die door ontelbare eeuwen heen weer
bruinkool en steenkool vormden.
   Het dalen van de ondergrond, het stijgen en dalen van de
zeespiegel, bewerkten in wezen onvoorstelbare veranderingen,
die slechts door verkenning van de ondergrond waarneembaar
zijn geworden. Eens was er land, dat overstroomd werd door
de Krijtzee. Toen was er zee, die weer tot land werd. Later,
tijdens de tussenijstijd, werd opnieuw een groot deel van wat
land was geworden overstroomd door de zee om bij verandering
van klimaat weer land te worden, waarvan het voorkomen van
grote dieren onder meer getuigt. De veranderingen bleven zich
voltrekken, telkens weer, totdat de mens zijn dijken bouwde,
nieuw land op de zee veroverde en geweldig ingreep in dit

gebied. De zee, een binnenzee met zout water, werd in enkele jaren een zoetwaterplas met totale verandering van flora en fauna. Gedeelten werden tot land gemaakt, waar landbouwgewassen werden gekweekt, waar vee werd gehouden, waar tuinbouw en bosbouw werden bedreven, waar mensen gingen wonen, werken, recreëren.

De Romeinen waren de eersten die over dit gebied schreven. Het meer dat ze hier aantroffen werd **Fleva Lacus** genoemd naar een Castellum **Flevum**, vandaar de naam **Flevomeer.** Tijdens en na de Romeinentijd was het gebied lange tijd min of meer onbewoonbaar. Er vormde zich een reusachtig gebied van moerasveen. In de Middeleeuwen werd dit aangetast door het water dat grote delen veen versloeg. **Het Almere** was geboren.

Door invloed van de zee en door minder waterafvoer van de IJssel, werd het water steeds meer zout, toen **Zuiderzee** genoemd

Na de afsluiting door de afsluitdijk werd het al snel weer een zoetwatergebied. De naam werd toen **Het IJsselmeer**.

Na een ijstijd is het land een steppegebied. Koud, zandstormen. Vorming van zandduinen.

Er zijn dieren die zich in het ruige klimaat weten te handhaven.

Door de enorme ijsafzettingen is het peil van het zeewater wel tien meter lager dan nu.

De Theems was een zijrivier van de Rijn, in die tijd lag Engeland vast aan Europa.

Door de temperatuurstijgingen stijgt het zeewaterpeil langzaam. Het zoete water van de bergen vulde het bekken gevormd door zandduinen in Noordwest-Europa. Ook dit water steeg gelijk met het zeewater. Dit gaf een nietig plantje de kans in de volgende eeuwen in dit zoete water uit te groeien tot wel 10 meter dikte. Het veenmos: de grondstof van de turf. Dit deed Holland uitgroeien tot een machtig land.

Het landschap in die eeuwen was ontoegankelijk. Uiteindelijk vestigden zich mensen op rivierduinen. Deze mensengroep behoorde tot de Swifterbantcultuur: ongeveer 4000 tot 5000 jaar voor Christus.

Zij leefden van de jacht en de visserij, later ook van het telen van voedsel

Na de drooglegging van Oostelijk Flevoland is bij Swifterbant een kamp nagebouwd zoals het vroeger geweest moet zijn.

Een aantal mensen heeft daar ook een tijdje gewoond. De behuizing was wel van staken, riet en blad, maar toch een villa in de rimboe

Winning van de turf

Boven het grondwater turf steken. Daarna in het water baggeren, drogen en ook deze turf steken.
Holland werd rijk van deze brandstof, maar het werd in het westen van Nederland één waterplas.

De turf in Holland en Utrecht was op. In Drenthe was nog voldoende.

Turftransport over de Zuiderzee.

Zo ventte zo'n turfschipper zijn turf bij ons op het veebedrijf aan de Oude Rijn (± 1935)

De droogmakingen

De watermolen kwam in functie. Het was toen mogelijk de plassen droog te maken.

Vóór de Franse tijd werden de dijken verwaarloosd. Er werden wel watervlakten als polders drooggemalen. Maar de kwaliteit van de dijken was niet goed.

Bij stormen kwam weer veel land onder water te staan.

De overstroming van 1825 rond het Zuiderzeegebied; de overstroming van 1916 deed het nog dunnetjes over. Enorme schade, het kostte ook veel mensenlevens.

Droogmakingen in het Zuiderzeegebied. Aanvankelijk waren er in het Zuiderzeegebied grote veengebieden, echter door turfwinning, ontwatering en de invloed van de Noordzee is het veen verslagen. Het is nog terug te vinden als detritus (veen en klei) in de ondergrond.

De grote veengebieden in Drenthe, Groningen, Holland, Utrecht en het Zuiderzeegebied werden ook voor turfwinning afgegraven en in Holland en Utrecht ook gedeeltelijk uitgebaggerd zodat er grote meren ontstonden. Zuid-Holland en Utrecht hadden het geluk dat de duinenrij goed stevig was. Door de uitvinding van de watermolen konden veel plassen weer drooggemaakt worden.

Noord-Holland en het Zuiderzeegebied werden bedreigd door het Noordzeewater. Grote overstromingen met zeer veel schade en mensenlevens. Daar was geen houden aan, tot de Afsluitdijk werd aangelegd en het droogleggen begon. Dat gebeurde in de Wieringermeer, de Noordoostpolder, Oostelijk en Zuidelijk Flevoland.

Een drooglegging in de 17de eeuw

De Beemster werd drooggemalen.

Energie en voortvarendheid bloeiden naar alle kanten uit en zo is hier de rijke Amsterdamse koopman, Dirck van Oss, ziel en stuwkracht van het zeker in die tijd, grote werk.

Dirck van Oss had in het economisch leven van zijn dagen zijn sporen reeds verdiend. Hij was namelijk een der grote machthebbers van de Oost-Indische Compagnie en het pleit ongetwijfeld voor van Oss' breed zakeninzicht, dat hij ook op dit terrein een gefundeerde deskundigheid bleek te bezitten. Het was daarbij een beduidende som, die deze droogmaking kostte. Als Amsterdamse koopman heeft Dirck van Oss een kleine twee miljoen samen met zijn deelgenoten erin gestoken.

In het begin gingen de zaken nog niet zo vlot. Er was veel tegenwerking vanuit scheepvaartkringen, die op het behoud van het meer aandrongen, terwijl ook de vissers hun palingvangst bedreigd zagen.

In 1570 waren de eerste stemmen voor droogmaking reeds opgegaan, doch eerst aan het eind van de zestiende eeuw werd de inpoldering werkelijkheid en in 1597 kwam dan eindelijk het gevraagde octrooi van de staten van Holland en West-Friesland af.

Ongetwijfeld heeft de persoon van Dirck van Oss dit proces versneld. Hij was een belangrijk man in het economisch leven, terwijl ook de medeaandeelhouders, de namen van een broer van Oldenbarnevelt, raadsheer Hoogerbeets en twee Amsterdamse burgemeesters, ieder voor zich over de nodige invloed beschikten.

Toen het grote werk dan zou beginnen, kwamen van alle kanten de uitvinders op de organisatie af. Pieter Pietersz en Pieter Claasz traden daarbij het meest op de voorgrond. Zo hadden allen verbetering van molens ontworpen en voorlopig vonden daarbij de twee laatsten het gunstigst onthaal. Leeghwater werd molenmeester, doch de beide Pieters kregen de opdracht zestien molens te leveren.

Een regenperiode in de zomer van 1608 stuitte de vaart, de ware werkelijkheid. De zestien molens waren onvoldoende, er kwamen tien nieuwe bij, doch ook met dit aantal konden de Pieters het werk niet op de overeengekomen tijd gereed hebben. Zij werden met Allerheiligen van dat jaar als molenmeesters aangesteld en van hun verplichtingen ontslagen.

Met man en macht werd gewerkt aan de droogmaking, duizenden arbeidskrachten brachten het nieuwe land naar boven.

Voorjaar 1609 lag de grote dijk rond de Beemster: ook de molens hadden hun werk gedaan en met trots keken Leeghwater en zijn opdrachtgevers op de voltooide arbeid neer.

Helaas: de beproevingen waren nog niet voorbij, het ergste moest nog komen. Men had zich kunnen verweren tegen de boeren en vissers, die bij nacht en ontij de dijken vernielden, doch tegenover de natuurelementen stonden de droogleggers machteloos.

Op 20 januari 1610 brulde een woedende noordwesterstorm over het lage land, zelfs de oudsten hadden het nooit zo hevig gekend. Het water van de Zuiderzee stuwde steeds hoger op en de bewoners van Waterland vluchtten in panische angst naar hogere streken. De zeedijk brak door, het wilde water stortte zich over de landen uit en verzwolg boerderijen met akkers en vee.

Alleen Leeghwater stond onder Purmerend nog met enkele getrouwen verbeten te vechten. De Beemsterdijk moest het houden, anders was het werk van jaren vernietigd.

De waterwolf brulde echter reeds in de verte, hij kwam nader en nader en zette zijn tanden in deze dijk. Toen bleef er voor het kleine troepje dapperen niets anders over, dan ook de wijk naar het veilige Purmerend te nemen. Juist op tijd, want achter hen brak de dijk door en werd een gat van tientallen meters lengte geslagen. Het droogleggingswerk stond thans vrijwel weer aan het begin en wij bewonderen de moed van deze zeventiende-eeuwse mannen, die na hernieuwde concessie opnieuw aan de arbeid togen.

Van Oss bleef Leeghwater en deze zijn opdrachtgevers trouw. Het aantal molens werd verdubbeld, hetzelfde zal met de energie het geval geweest zijn, want in juli van 1612 kon reeds de uitgifte van gronden geschieden.

Van toen af ging alles voorspoedig. De Beemster ontwikkelde zich zowel op het gebied van landbouw als van veeteelt.

Dirck van Oss bleef ook in zijn andere functies het drooggelegde land gedenken, want toen Piet Hein de zilvervloot op de Spanjaarden veroverde, zorgde hij ervoor dat ook de Beemster een deel van deze schatten kreeg.

De Zuiderzee en de nieuwe droogmakingsplannen

Artikel uit de Katholieke Illustratie van 1885:

Het vraagstuk van de droogmaking der Zuiderzee, reeds sinds vele jaren druk besproken, is op het ogenblik weer meer aan de orde; en waarlijk: daar bestaat aanleiding toe.

De treurige tijdsomstandigheden, de behoefte aan werkverschaffing die zich overal in het land doet gevoelen, moeten als vanzelf de aandacht vestigen op een nationale onderneming, waardoor gedurende een aantal jaren duizenden handen aan werk zouden kunnen geholpen worden; de vervaardiging en het onderhoud toch van een aantal kolossale stoomgemalen zouden heel wat arbeid vereisen, en steenbakkerijen, kalkbranderijen, houthandel en allerlei fabrieken en trafieken zouden zich een nieuw veld van werkzaamheden geopend zien.

Daarenboven schijnt de schrikbarend toenemende landverhuizing er op te wijzen dat Nederland te klein wordt voor zijn aangroeiende bevolking, dat duizenden landbouwers genoodzaakt zijn een goed heenkomen te zoeken buiten hun vaderland dat niet meer toereikend is om het allen te voeden. Voor zeker, de ongunstige omstandigheden waarin onze landbouw verkeert, zijn voor een groot gedeelte aan onze gebrekkige wetgeving te wijten die het onze landbouw onmogelijk maakt tegen de onbelemmerde invoer van buitenlandse landbouwproducten op te werken. Maar het lijdt ook geen twijfel dat de aanwinst van nieuwe vruchtbare gronden – zoals de bodem der Zuiderzee, althans beneden de lijn Enkhuizen – Urk – Ketel, stellig veel zou opleveren velen die anders in de vreemde brood moeten gaan zoeken, de gelegenheid zou openen zich in het vaderland een bestaan te verschaffen.

Welnu, door de droogmaking der Zuiderzee kan een hele provincie worden toegevoegd aan het Nederlandse grondgebied dat voor een groot gedeelte aan de baren der zee ontwoekerd werd.

Reeds in 1848 zag een werkje het licht waarin het denkbeeld tot droogmaking der Zuiderzee besproken werd. Van grote deskundigen was dit boekje niet afkomstig: de heren Kloppenburg en Faddagon die het de wereld inzonden, waren – ofschoon de eerste zich door hun ijverige pogingen tot droogmaking van het IJ verdienstelijk heeft gemaakt, en de ander een bekwaam waterbouwkundige was – niet met de technische bekwaamheden toegerust welke een zo grote onderneming vordert. Doch het is meer gebeurd dat de eerste gedachte tot een groot openbaar werk van leken in het vak uitging. Men herinnert zich slechts dat toen koning Willem

1 het plan voor het Noord- Hollandsche kanaal werd voorgelegd, hij een potloodstreep trok juist op de plaats, waar later het kanaal door Holland op zijn smalst gegraven werd. "Ik meen dat het hier moet komen," moet toen Zijne Majesteit gezegd hebben.

Iets dergelijks had plaats met de plannen van Kloppenburg en Faddagon; want reeds het volgende jaar verscheen een doorwrochte studie van de ingenieur P.B.G. van Diggelen, waarin op streng wetenschappelijke gronden nagenoeg hetzelfde denkbeeld werd uitgewerkt, dat door beide eerstgenoemden was aan de hand gedaan, zonder dat de ingenieur daar iets van had kunnen weten,; want zijn werk ging ter perse, toen het eerste het licht zag.

De plannen, in dat werk besproken, hebben vroeger herhaaldelijk aanleiding gegeven tot ernstige gedachtewisselingen, maar zijn in vergetelheid geraakt, totdat in het jaar 1865 de hoofdingenieur van de Waterstaat J.A. Beyerinck, op verzoek van een maatschap, welke zich gevormd had tot droogmaking van het zuidelijk gedeelte der Zuiderzee, waarvan aan de sedert overleden Dr. J.W. Cramer en twee andere harer leden het beheer werd opgedragen, de zaak onderzocht en de indijking der gehele Zuiderzee technisch en financieel nagenoeg onuitvoerbaar verklaart.

De heer Beyerinck maakte in overleg met de heer T.J. Stieltjes een avant–project van de indijking van het zuidelijke gedeelte der Zuiderzee, en de maatschap deed aan de toenmalige minister van Binnenlandse Zaken een aanvraag om concessie. Twee gouvernementele commissies onderzochten deze later nog zeer gewijzigde plannen. En toen de meerderheid der laatst benoemden (7 tegen 3) verklaarde dat de indijking, droogmaking en het in cultuur brengen van het zuidelijk gedeelte der Zuiderzee, op de in het verslag in algemene trekken aangegeven wijze, uit een technisch oogpunt mogelijk is en dat daaruit, zowel voor het algemeen belang, als voor het bijzonder belang der waterschappen, niet alleen geen nadelen zullen voortvloeien, maar dat daar en tegen die belangen daardoor blijvend zullen worden bevoordeeld. Toen meende de minister Heemskerk, zich van het bij zijn departement ter beoordeling ingezonden ontwerp te mogen meestermaken, ten einde het door het Rijk te doen uitvoeren. Vandaar de wetvoordracht van 1877, welke door de eerste minister van Waterstaat, Tak van Poortvliet, werd ingetrokken. Sedert vernam men niets meer van het indijken en droogmaken van de Zuiderzee; men vernam ook niet dat de concessie–aanvrage was ingetrokken, integendeel: tot de heer Buma een wetsvoorstel indiende dat hij echter in Augustus 11 weer introk

Het ligt voor de hand welk een voordeel zulk een dam tussen Enkhuizen en Stavoren al aanstonds voor het spoorwegverkeer zou opleveren. Daardoor toch zouden de beide spoorlijnen, welke onderscheidenlijk te Enkhuizen en Stavoren doodlopen en door een stoombootveer met elkaar in gemeenschap moeten worden gehouden, rechtstreeks tot een doorlopende lijn verbonden kunnen worden, zodat Amsterdam voortaan de kortst mogelijke gemeenschap zou hebben met Noord–Duitsland, Rusland, enzovoorts. Iets wat met het oog op Amsterdams Noordzee- haven en de doorvoerhandel van groot belang zou zijn. Er bestaat dus kans dat in een niet verre toekomst Nederland een provincie rijker wordt en de Zuiderzee met haar schilderachtige oevers geheel verdwijnen zal. Met het oog daarop geloven wij dat de fraaie gezichten uit de omgeving der thans zoveel besproken Zuiderzee, welke wij onze lezers in dit nummer aanbieden, hun niet onwelkom zullen zijn. Daarnevens zien wij enige bewoners van het eiland Urk, dat met Marken en Schokland het enige overblijfsel vormt van het land dat bij de geweldige storm van 1282 door de zee verzwolgen werd en dat men thans weer van onder de golven wil te voorschijn brengen.

13 juli 1918 Ir. H. Wortman geeft tekst en uitleg van dit plan in de Tweede Kamer.

De drooglegging der Zuiderzee

Een artikel in de Katholieke Illustratie in 1918 over de toekomstige drooglegging van de Zuiderzee.

Terwijl vlak in onze nabijheid de grootste veldslag woedt, die er in de wereldgeschiedenis bekend is, terwijl de volkeren met grenzeloze haat elkaar bespringen en in massale roofmoord de mooiste landstreken ontrukken of aan algehele verwoesting prijsgeven, zal binnenkort ook in ons eigen land vanuit het in Den Haag en Amsterdam gevestigde hoofdkwartier de grootste veldslag ooit hier te lande tegen de natuur aangebonden, ingezet worden.

De pas geëindigde eeuw heeft bij herhaling geleerd en de pas begonnen eeuw heeft het een paar jaar geleden (**1916**) nogmaals in volle omvang aan den lijve doen voelen, welke gevaarlijke vijand wij aan het water der Zuiderzee hebben.

Ons van alle technische bijzonderheden onthoudend, geven wij het ontwerp slechts in grote trekken aan.

Men begint met de Zuiderzee af te sluiten door een zware dijk, lopend van Ewijksluis in Noord-Holland over het eiland Wieringen naar de Friese kust bij het dorpje Piaam.

Door deze afsluiting krijgt de zee het karakter van een zoetwatermeer – daar de rivieren die hun water in het meer blijven lozen de zoute waterplas van heden geleidelijk in een zoetwater-binnenmeer veranderen – groot 356 830 HA of na aftrek der vier voorgenomen inpolderingen groot 145 000 HA.

De waterstand van het alzo verkregen binnenmeer wordt beheerst door een samenstel van sluizen, dienende tot waterlozing, ter gezamenlijke wijdte van 300 meter, terwijl voor het schutten van schepen door afzonderlijke sluizen, op genoemd eiland Wieringen aan te leggen, wordt gezorgd. Dit sluisstelsel wordt tevens ingericht om bij inundatie voor de verdediging des lands te worden aangewend, althans voor zover de berekeningen hiervan door het moderne vèr dragende geschut niet in de war gestuurd worden.

In verband met de afsluitdijk zullen de Balgdijk, lopende langs de Noord-Oostelijke kust van Noord-Holland, en gedeeltelijk ook de dijk van Friesland tussen Piaam en Zurich verhoogd en de havens langs de Zuiderzee verbeterd moeten worden; terwijl een kanaal is ontworpen van Piaam naar Harlingen met de bedoeling de binnenscheepvaart te gerieven.

Daarna komt het werk der inpoldering in vier afdelingen: de Noordwestelijke polder ter grootte van 21 700 ha, waarvan

18 700 ha vruchtbaar land; de Zuid–Oostelijke ter grootte van 10 760 ha waarvan 98 990 ha vruchtbaar land; de Noord–Oostelijke ter grootte van 50 850 ha waarvan 48 900 ha vruchtbaar land. Tezamen dus respectievelijk 211 830 en 194 410 ha.

Dit is in grote trekken het plan. Daar de afsluiting van de Zuiderzee door een grote zee– en storm-kerende dijk, waarin een sluizen-stelsel van misschien nergens overtroffen uitgebreidheid op zich-zelf reeds een werk van grote betekenis is, dat een overwegende invloed op de waterstaatkundige toestand van een groot gedeel-te van Nederland zal uitoefenen, en daar met deze afsluitdijk begonnen wordt, willen we even bij deze afsluitdijk stilstaan.

De ongeveer 320 000 meter lange bedijking, die thans de Zuiderzee omvat, zal door de afsluitdijk niet anders dan als bin-nendijk dienst behoeven te doen. De tegen de zee te verdedigen lengte wordt tot een tiende teruggebracht daar de ontworpen afsluitdijk slechts 29 300 meter lang zal zijn. Daardoor vervallen natuurlijk grote onderhoudskosten, terwijl ook verdere nood-zakelijke verbeteringen en versterkingen van de tegenwoordige zeewering en kusten niet meer nodig zijn. Voor de rondom de Zuiderzee gelegen landstreken zal het dus oneindig veel veiliger worden. Vrees voor stormen, watervloeden en de verder daaruit geboren wordende rampen is dan buitengesloten.

Het binnenlandse verkeer te water zal er niet minder op verbeteren.

De Rijnschepen zullen zonder overlading over de als dan veel minder woelige plas naar Friesland kunnen komen. Ook een vlak langs de spoorweg aan te leggen weg voor gewoon ver-keer op gelijke wijze als bij de dam op het Sloe zal veel voorde-len opleveren. De verlaging van de waterspiegel zal tevens tot gevolg hebben dat de huidige Zuiderzee–eilanden Urk, Marken enzovoorts meer omvang krijgen.

Reeds op zichzelf is dus de afsluiting als een werk van open-baar nut even goed, ja oneindig beter te verdedigen dan vele andere publieke werken, waarvoor achtereenvolgens miljoenen en miljoenen uit 's lands schatkist zijn ten offer gebracht.

Hoe lang nu zal het werk duren en wat zijn de kosten?

De afsluitdijk, waarmee begonnen wordt, zal 9 jaar vorderen. De daartoe behorende werken bestaan uit de aanleg van de werken op Wieringen, een breed kanaal met 30 grote uitwateringssluizen, 2 schutsluizen en hoofden in zee, de aanleg van een kanaal Piaam – Harlingen met een schutsluis en de verhoging van de Balgdijk langs Anna–Paulownapolder.

In het elfde jaar begint men met de droogmaking van de Wieringermeerpolder. Achtereenvolgens worden deze werken dan ook voor de drie andere grote droogmakerijen ter hand genomen en voltooid tot en met het 33ste jaar. De Noord – Westelijke polder komt klaar in het 14de jaar. De Zuid–Oostelijke in het 24ste jaar, de Zuid–Westelijke in het 28ste, de Noord–Oostelijke in het 33ste. De gehele begroting waarin dus ook de kosten van de hoge genoemde verbeteringswerken begrepen zijn, wijst een totaal aan van f 189 000 000 waarvan f 40 500 000 voor de afsluitdijk en f 148 500 000 voor al de overige werkzaamheden tezamen, terwijl het netto getal hectaren werkelijk goede grond wordt geraamd op 194 410 en de duur van het werk op 33 jaar.

De invloed, die dit grootse werk op verschillende delen, zowel van de Staat als van de Maatschappij, zal uitoefenen, belooft zo veelomvattend en veelzijdig te worden, dat het niet wel mogelijk is, deze met een enkel woord te schetsen. Op de voorgrond treden vooral de economische toestanden ten opzichte van de bevolking, lonen, grondwaarde, landpachten, productieprijzen en de landbouwtoestanden in het algemeen. Daarna komen het huishouden van de Staat, handel en nijverheid, visserij, openbare werken, gezondheidstoestand der in –en uitwonende bevolking.

Bij de landbouw willen we even stilstaan.

Immers zolang handel en industrie zich in het nieuwe land nog niet ontwikkeld zullen hebben, zal het boerenbedrijf de hoofdzaak uitmaken.

Men heeft berekend dat op de aangewonnen gronden ongeveer 8 gemeenten, 40 dorpen, 4000 boerderijen en 200 000 bewoners zullen komen. Minstens drie-vierde der gronden zullen bouwgronden zijn van grote waarde, in kwaliteit gelijkstaande aan die der IJ-polders, en voor zover zij iets minder zijn, aan die der Groninger zeepolders, voor dadelijke bearbeiding geschikt.

De toekomstige Zuiderzee–boer zal, zowel door het een als door het ander, zijn bedrijf onder de meest gunstige voorwaarden kunnen voeren.

Zodat afgezien van de vroeger besproken voordelen, hetgeen door de uitvoering van de Zuiderzeeplannen in hun geheel zal worden verkregen, beslist een ruimere vergoeding genoemd kan worden voor de zoute, vrij onbruikbare waterplas, die thans in het hart van ons land gelegen, het op verschillende wijze kwelt en dikwerf met ernstige schade bedreigt.

Waar dus verleden Donderdag 21 Maart 1918 door de aanneming van het wetsvoorstel Lely tot een werk werd besloten, waarvan de voltooiing ongeveer 40 jaar zal eisen, waaraan verwerkt zullen worden 45 miljoen gulden aan arbeidslonen en 118 aan materialen, waardoor de oppervlakte van het land met ruim een zestiende gedeelte zal worden vergroot, dat tot bebouwing en bewoning moet worden ingericht en waarop 200 000 à 250 000 mensen een goed bestaan zullen vinden, daar kan men deze dag gerust een dag van historische betekenis noemen.

Alf. Martens.

Mannen van Sliedrecht

Vroeger was Sliedrecht een onbekend dorp aan de Merwede. Grondwerkers, baggeraars en mandenmakers hadden moeite om het hoofd boven water te houden. Herman de Man, joods schrijver van veel prachtige volksverhalen rond Oudewater, verzamelde gegevens rond Sliedrecht om er een boek van te schrijven, maar door de oorlog en een vliegtuigongeluk in 1946 werd dit niet afgewerkt. Schrijver K. Norel heeft geprobeerd het in de geest van Herman de Man af te maken. Het verhaal van

de jongen Jan Baan; tot op de laatste dag op de lagere school
blijven rekenen, hij kreeg leerboekjes mee naar huis.

Met twee broers tijdens de vloed de Merwede op; bij eb de
boot volladen met bagger en tijdens vloed naar huis. Ondanks
het zware werk bleef hij attent op verbeteringen. Hij werd de
aannemer die wereldwijd bekend werd door zijn waterwerken.
Zijn zoon Evert Baan nam het bedrijf over.

In 1918 werden Lely's plannen over de Zuiderzee in de Tweede
Kamer goed gekeurd, wat tot nu toe onmogelijk werd gehouden:
de aanleg van de Afsluitdijk. Evert Baan informeerde bij een van
zijn medewerkers, Jan Punt, of hij als onderbaas wilde werken
bij Zuiderzeewerken. Hij zou 20 schepen onder zich krijgen en
alles secuur moeten regelen: "Jij ben de man die dat aan kan."
De bijna 70-jarige weigerde, hij had de hele wereld al voor het
werk afgereisd, hij wilde rust. Toch ging hij overstag. Hij was
wer onder Sliedrechternaren.

Bouw van de dijk

Met het baggeren van de keileem had hij weinig van doen. De
keileem bij Urk, restant van de voorlaatste ijstijd, welhaast
onuitputtelijk.
Maar de zinkstukken tegen de nieuwe dijkstukken moesten
bezwaard worden met basalt zodat de stroom er geen vat meer
op had. Vaak was de stroom te sterk in de geulen en spoelde
dijkstukken weg, vooral bij storm en springtij, maar de eerste
geul kwam dicht.
Men begon op meerdere punten, daar waar het ondiepst was,
dus het rustigst. Zoals bij Het Zwin, de Vlieter, de Javaruggen,
het Breezand, de Bandegeul, de Middelgronden, de Boontjes
en het Kornwerderzand. Voor de afvoer van het water werden
twee enorme sluizencomplexen gebouwd in de diepste geulen
zodat het water bij eb op natuurlijke wijze kan wegvloeien naar

de Noordzee. Die punten zijn ook geschikt voor doorgang van de scheepvaart.

Tussen de twee naast elkaar liggende dammen werd zand gestort. Met zinkstukken tegen de nieuwe dijkstukken werd de dijk beschermd tegen storm.

Diep in het najaar wilden de heren nog de geul van de Middelgronden dichten; een onmogelijke opgave zo laat in het jaar. Het begon goed, maar bij een storm sloegen hele dijkstukken weg. De ingenieurs wilden ermee stoppen tot het volgende jaar, maar de aannemers onder wie veel Sliedrechternaren werkten weken lang dag en nacht om die klus te klaren. De geul moest dicht. De voorzitter van de Zuiderzeeraad, minister-president Dr. Hendrik Colijn, kwam kijken. Een arbeider joeg hem weg: "Opzij meneer, eerst moet het gat dicht!".

Sterke lampen verlichtten het werk. Dirk Punt stond als een generaal te regelen. Onder storm en regen werd de geul in de Middelgronden gedicht. Iedereen was bekaf, maar dolblij. Op een mistige dag in november 1931 lukte het. De mens had gezegevierd over de zee. Nu moest de Vlieter nog dicht.

Misschien had de oude Zuiderzee daarna de fut verloren. In elk geval bleek de afsluiting van de Vlieter een eenvoudige zaak. De beteugelingsdammen hadden zich goed gehouden.

De sluiting van de Vlieter – Aalt Selles.

De oude visserlui wisten het in het begin van de dertiger jaren van de vorige eeuw heel zeker. De Vlieter kregen de waterbouwkundigen nooit dicht. Onder die stroomgeul liep een ondergrondse geul als verbinding tussen de Waddenzee en de Zuiderzee. "Geloof mij maar, die hele afsluiting van de Zuiderzee is geld in het water gooien! Dat lukt ze nooit! De visserij blijft bestaan." Als gevolg van de New Yorkse beurskrach van oktober 1929 was het ook voor de vissers een beroerde tijd met grote armoe. Urker vissers zochten werk in Amsterdam. Velen waren genoodzaakt hun zilveren broeksknopen naar de lommerd te brengen.

Er dreigde nu na de afsluiting totale brodeloosheid?

Intussen ging het werk aan de afsluitdijk door. Stilleggen was onmogelijk omdat dan de zee alles wat klaar was weer zou teniet doen. De dijk moest 30 kilometer lang worden en 7.75 meter boven A.P.

De spuisluizen functioneerden naar behoren zodat het peil in het IJsselmeer beter kon worden beheerst. Op 1 april resteerde nog 2800 meter van de aan te leggen dijk. Eind mei zou het laatste gat gesloten kunnen worden, maar die dag had Colijn geen tijd. Het feest werd dus uitgesteld tot 28 mei 1932, dat paste hem beter. Er werden op beperkte schaal voorzichtig gestelde uitnodigingen verstuurd, want je hebt het weer niet in de hand. "Het is thans waarschijnlijk dat de dichting van het laatste sluitgat plaats zal hebben op a.s. zaterdag omstreeks 1 uur." Brieven gingen naar de minister van waterstaat, de voorzitter en de leden van de Zuiderzeeraad, technische autoriteiten en andere betrokkenen

Zaterdag 28 mei 1932. De Afsluitdijk is dicht.

De zee werd een meer.

Het water werd bedwongen. Na de vele stormrampen was het uiteindelijk de stormramp van 1916, die de regering deed besluiten tot de bouw van de afsluitdijk en het droogleggen van de IJsselmeerpolders. Het was een haat/liefde verhouding van de omwoners. De plaatsen rond de Zuiderzee leefden van de vis. Het was een bijzonder visrijk water. Door de afsluitdijk werd ze afgesneden van de aanvoer van vis vanuit de Noordzee. Het werd een dode zee. De zorgen waren groot.

Er is zelfs een film gemaakt over deze gebeurtenis; Dood Water, waarin een visser uit Volendam met een schip vol dynamiet naar die gehate dijk zeilt om deze op te blazen en hoe de hele Volendamse vissersvloot hem nazeilt om de daad te voorkomen.

De schat onder de grond

Die 28ste mei, de dag dat de dijk gesloten werd, zeilde een smid uit Enkhuizen met de visser van de EH 88 mee op de vangst van ansjovis. Hij had een aantal weckflessen meegenomen. Hij vulde de weckflessen met wat van het laatste Zuiderzee water en deed er ook een paar ansjovissen bij. Thuisgekomen stopte hij de flessen onder de vloer, om te bewaren voor het nageslacht. Het was gebeurd met de visserij. De schepen kwamen stil te liggen. De grote verscheidenheid van schepen: de botter, de Wieriger aak, de plukt, de schokker, de Staverdse jol, de blazer, de punter. Het is verleden tijd.

De Zuiderzee

De vele scheepswrakken zijn getuige van dit rijke verleden. De Romeinen met Drusus, hun tochten over het Mare Flevum om de Friezen te verslaan.

De Noormannen rond het jaar 800 met hun rooftochten in Nederland.

De Zuiderzee, het hart van Nederland, waardoor vloten van de Oost– en West-Indische Compagnie uitvoeren over de hele wereld. Nederland werd belangrijk en machtig.

De Hanzesteden van ver op de IJssel dreven handel met de Oostzeelanden. Kampen was toen een machtige stad.

De Zuiderzee als strijdtoneel

Waar de Heren van Kuinre hun rooftochten hielden.

Waar de Friezen en de Hollanders hun rechten betwisten.

Waar de Hoekse in 1480 huis hielden op de Zuiderzee tijdens de Hoekse en Kabeljauwse twisten.

De handelsoorlog tussen het machtige Kampen en Amsterdam.

Greate Pier, de oer-Fries, met Karel van Gelre de schrik van de Zuiderzee.

De strijd tussen de Hollanders en de Friezen in de Slag bij Warns. Het monument getuigt daarvan: Liever dood dan slaaf

De 80-jarige oorlog met Spanje in 1573, de Spaanse galjoenen werden verslagen door de Watergeuzen. Dit was het keerpunt in deze oorlog. Ik vond op mijn landbouwbedrijf in Oostelijk Flevoland een ronde kogel van 10 kilo, waarschijnlijk van een Spaans galjoen, en een kleine kogel, waarschijnlijk van de Watergeuzen.

Tussen de vissers was het ook niet altijd pais en vrede. Men gunde elkaar soms de visgronden niet.

De Zuiderzee als baken voor de bommenwerpers bij hun vluchten op Duitsland tijdens de Tweede Wereldoorlog. **En de Zuiderzee, ze is niet meer.**

Met de Zuiderzee (vliegtuig en jeugd) naar München

Voor het eerst en misschien wel voor het laatst is de jeugd van de Zuiderzee, eigenlijk zou men moeten zeggen: het nageslacht, in heel haar historische verscheidenheid bijeen geweest. Vertoond werd dit nog nimmer; kinderen uit Bunschoten en Urk, van Marken en Volendam in zo grote getale verenigd en allen nog in eigen dracht, op hun zondags gekleed. Het was dan ook de Zuiderzee, die hen nog eenmaal samenbracht. Wel niet meer het water van voorheen, dat het voorgeslacht de eeuwen door een bestaan had geschonken en in de adem daarvan de gemeenschappen van dorp en eiland waren gegroeid, maar een hypermodern vliegtuig, een van de nieuwe DC-7C's van de KLM. Dat in zijn naam de herinnering aan de Zuiderzee wil bewaren en uitdragen over de wereld. Met die naam heeft de KLM de Zuiderzee willen eren als bakermat van 's lands vrijheid, van onze wereldhandel en scheepvaart, van onze visserij; het Zuiderzeevolk is het merg geweest van Nederland als zeevarende natie. En die grote rol in het wereldverkeer vindt thans nog voortzetting in de lucht. Na de Verenigde Staten en het Verenigd Koninkrijk is Nederland 's werelds derde luchtvaartnatie. Vandaar, dat het vliegtuig **Zuiderzee** een ereplaats inneemt in de luchtvloot van de KLM.

Bij de officiële vlucht van het nieuwe toestel is dan de Zuiderzee de gast geweest van de KLM. De Zuiderzee vertegenwoordigd door het beste wat zij ons te schenken had, haar kinderen, de jeugd van vandaag, die, hoe de omstandigheden mogen zijn gewijzigd, nog steeds de draagster is van haar geest, haar gans eigen cultuur.

En zo verscheen de Flevische jeugd die morgen op Schiphol in de volle schoonheid van de historische dracht. Voor het grootste deel nog een levende dracht, geen museumstukken, maar werkelijkheid van dag tot dag. Wie dit evenement heeft aanschouwd, die meer dan zestig Urkertjes, Volendammers, Markers en Bunschotenaren, in het vroege uur uit hun woonplaats vertrokken en daar op Schiphol als op een reünie bijeen, heeft zich de ogen uitgekeken. Zo rijk zijn we dus nog aan levende nationale schoonheid, hoezeer deze ook uit het bewustzijn van de natie is verdrongen. Was het laatste niet het geval, dan was het niet mogelijk, dat heel deze rijkdom, uniek ter wereld, geruisloos werd geliquideerd. Nog korte tijd misschien en ze is voor altijd verloren.

De Zuiderzeekinderen dachten aan dit alles niet. Zij waren helemaal vervuld van de grote gebeurtenis: de eerste luchtreis van hen allen en nog wel zover over de grens, naar München! Want dat zou de eerste bestemming zijn van de Zuiderzee, met als passagiers de Flevische jeugd in heel haar schakering, de burgemeesters van de verschillende plaatsen en het verdere geleide Het waren alle zestig schoolgaande kinderen tussen zes en veertien jaar. Alleen de groep uit Marken had twee kostelijke peuters bij zich, de jongeheren Pieter Boes en Klaas de Groot, elk drie jaar oud. Op die leeftijd plegen Marker jongetjes een gedaantewisseling te ondergaan, tot dusver als meisjes gekleed en gekapt, gaan zij zich dan als het ware verpoppen. Van onder af. En zo verkeren deze jongetjes in het overgangsstadium; van boven waren zij nog helemaal meisje; met kapje, lange haren en krullen, het bonte rokje of borsikkie, dat slechts aan een enkel detail, zoals de slipjes achter op de rug, voor insiders de werkelijke sekse verraadt, maar dan verder beneden al volop man; met de zwarte ballonbroek van het eiland in miniatuur. Deze wonderlijke, levende poppen waren zowel op Schiphol als later in München een groot succes. Want het meisjesachtige domineerde nog in hun verschijning, terwijl hun optreden was van een man, heel vrijmoedig.

Ondanks hun kapje en de lange krullen hadden ze een heerlijke brutale jongenssnuit en waren zeer ongenegen om zich te laten aanhalen of vertroetelen. Pieter Boes en Klaas Groot bleven onder de hoede van de beroemde Sijtje, die het Marker gezelschap begeleidde. De Urkers waren toevertrouwd aan Maria van Urk-Koffeman, de beminnelijke vissersvrouw en moeder van een groot gezin, die tussen haar drukke werk door in de loop der jaren zoveel mooie gedichten heeft geschreven over Urk, over de verdwijnende Zuiderzee, over het dagelijkse leven. Een deel van haar werk is zelfs uitgegeven.

Bij de jeugdige Bunschoters had een onderwijzeres van het dorp afkomstig en in de eigen dracht de leiding. En aan het hoofd van de Volendammers stond meester Zwarthoed, zelf uit een oud Volendams vissersgeslacht. Tot het gezelschap behoorden verder een oudere jongen uit Volendam die de accordeon bespeelde en een saxofonist van Marken, ook helemaal autochtoon, voor deze feestelijke gelegenheid de zilveren akertjes aan zijn halsdoek. Want de kinderen hadden elke groep voor zich, een klein programma van zang en dans ingestudeerd om dat op Schiphol en voor het stadsbestuur van München, dat hen officieel zou ontvangen, ten beste te geven.

In alle gemoedsrust begaf de Flevische jeugd zich aan boord van het toestel, wel even onder de indruk van inrichting en afmeting, maar toen meteen thuis. Zij draaiden hun toestellen deskundig hoog en laag, zetten boven hun hoofd de luchtverversing aan en maakten zoals het hoort, voor het vertrek de riemen vast. Zij waren rustig en gedisciplineerd; de stewardessen hadden 'geen kind' aan hen. Een ogenblik was er een lichte emotie, een kreet van opwinding in de cabine, toen het voortrollende vliegtuig zich van de grond verhief, maar daarbij bleef het.

De Zuiderzeekinderen, voor het eerst in de lucht, reageerden alsof zij al vele malen gevlogen hadden. Zij verwonderden zich over niets, zij waren volkomen op hun gemak en zij genoten van alles, waarmee de KLM hen verwende. Alleen de rijst aan het diner in plaats van aardappelen, was een beetje onwennig. Rijst, nietwaar, at je met suiker maar niet met jus. "Maar 't vlaas vond ik wel lekker, èk opéte." zei een kleine Volendammer.

Onvergetelijk was ook het beeld diezelfde middag in de ne-ogotische raadszaal van het stadhuis in München. Onder de wandschilderingen en de grote, vergulde kaarskronen hadden in het monumentaal gestoelte de kinderen plaatsgenomen. Daar zaten Herremyntje en Wijmpje uit Bunschoten naast Fokke en Marretje uit Urk, Aaltje en Dirk uit Volendam naast Trijntje, Geertje en Klaas van Marken, geusjes en paapjes met elkaar. En de kleine Pieter Boes wandelde parmantig over het plechtig parket naar de burgemeester van München en keek hem over de tafel vrijmoedig aan. Tot de kleine Boes en zijn leeftijdgenoot op tafel werden getild ten aanschouwe van de mensen op de tribune, onder een algemeen enthousiasme. De burgemeester van München kreeg geschenken van de kinderen: een botter-model uit Volendam, een pop in Bunschoter kledij, prachtig bewerkte bruidsklompen van Marken, een grote kist gerookte aal namens Urk. En de kinderen kregen op hun beurt, elk een origineel 'Münchener Kindl'.

's Middags werden zij in het dierenpark Hellabron door het stadsbestuur onthaald. Maar eerst hadden zij op de binnenplaats van het stadhuis hun programma van zang en dans gebracht. Het was een lieve lust de Markertjes in actie te zien, de jongens en meisjes van Urk, het oud- vaderlandse dansspelletje 'In Holland staat een huis' en niet in het minst de Volendammers in al hun spontaniteit. Er zijn geen afstanden meer in de wereld, 's och-tends van huis vertrokken, 's avonds weer thuis.

Fred Thomas.

Bij de kluizenaar van Schokland –
Katholieke Illustratie 1950

Eeuwenoud en gloednieuw land.

De Noordoostpolder is vlak en laag. Behalve enkele arbeiderskampen en het kleine eenzame dorp Emmeloord vindt men er niets dat hoger dan een meter boven de bodem verrijst. Naar alle zijden strekt zich het lege polderlandschap uit, zodat het de schijn heeft of je over een eindeloze, verlaten zee kijkt. Die indruk wordt nog versterkt, wanneer je op een gegeven ogenblik aan de horizon een 'eiland' ziet oprijzen. Nieuwsgierig en wat verveeld door de eentonige omgeving gaat je er heen en wanneer je dichterbij komt, ontwaart je een lage heuvelrug, begroeid met enkele hoge bomen. Vraagt je aan een landarbeider, die wel ergens langs de weg aan het werk is, waar je hier bent, dan zult je te horen krijgen, dat deze hoogte inderdaad een 'eiland' is. Het is het vroegere Schokland. "Schokland? Hoe kan dat? Waarom ligt het dan zo hoog?" vroegen wij. We waren vergeten dat hier eens de Zuiderzee had gestroomd en dat Schokland vroeger boven het water uitrees, zoals het zich nu boven het landschap verheft. Men kan zich ook moeilijk voorstellen dat dit vruchtbare polderland een binnenzee is geweest. "Woont er nog iemand?", informeren wij. "Op dit ogenblik woont er alleen een mijnheer van der Heide, die voor het museum zorgt".

Zo kwamen we op bezoek bij de 'kluizenaar' van Schokland, gelijk de enige bewoner van dit vroegere eiland zich spottend noemt. Het is de oudheidkundige G. D. van der Heide, een bescheiden, maar kundig wetenschappelijk werker, die besloten heeft zich geheel te wijden aan het archeologisch bodemonderzoek van het Zuiderzeegebied. Eenzaam woont hij te midden van dit uitgestrekte land. Forse bomen, die reeds eeuwenoud zijn, overschaduwen het voormalige kerkje van Schokland, dat thans tot museum is ingericht en de kluizenaar tot woning dient. De klok op het bescheiden torentje is er slechts opgeschilderd. Altijd staan de imitatiewijzers op slag van drieën, als om aan te geven dat de tijd hier niet verder gaat. Het eiland heeft in vroeger tijden altijd met moeilijkheden te kampen gehad. Voortdurend moest het meer van zijn gebied aan de zee prijsgeven. Aanvankelijk werden er kosten nog moeite gespaard om het eiland te redden en men legde langs de gehele kust zware paalweringen aan. De Zuiderzee, eens een gevaarlijke en niets ontziende vijand, schrokte steeds nieuwe stukken land op.

In 1858 werd Schokland op last van de regering ontruimd omdat een verblijf op het eiland niet verantwoord werd geacht. De burgemeester kreeg eervol ontslag en de bevolking werd in Vollenhove en Volendam ondergebracht.

Het kerkje werd omgebouwd tot, museum voor oudheidkundige vondsten, in het Zuiderzeegebied gedaan. Wanneer men weet dat het thans drooggemaakte gebied van de Noordoostpolder in vroegere eeuwen beurtelings land en zee is geweest, zal men begrijpen dat men er belangrijke historische vondsten hoopte te vinden. In deze verwachting is men niet teleurgesteld. Het museum bevat een keur van vondsten uit de afgelopen jaren. Ze staan voornamelijk op rekening van ontginningsarbeiders, die telkens weer op merkwaardige voorwerpen in de zeebodem stootten. Zij waarschuwden dan de Oudheidkundige Dienst, die op deskundige wijze voor opgraving zorgde. Zo vond men de wrakstukken van ruim honderd schepen, veelal uit de zestiende en zeventiende eeuw en vaak met de skeletten van de bemanning aan boord. Men trof ook zeer veel aardewerk aan, deels afkomstig van gezonken handelsschepen, deels van de mensen, die hier in lang vervlogen tijden gewoond moeten hebben, toen dit gebied –evenals thans land was. In het museum staat onder meer een metalen bozterpotje, dat reeds eeuwen oud is. Wanneer ge het opent, kunt ge nog goed de geur van ranzige boter waarnemen. Te midden van het gloednieuwe land van de Noordoostpolder worden de restanten bewaard van een lang voorbije tijd, toen de schepen hier nog over de Zuiderzee voeren en van nog vroeger, toen er mensen woonden in dit gebied, dat onlangs op de zee is terugveroverd.

De kluizenaar van Schokland is de eenzame bewaker bij deze herinneringen.

In de Wieringermeer kreeg men tijdens de ontginning te maken met wrakken van eertijds vergane schepen. Dit vonden ze maar lastig. Die rommel moest opgeruimd worden en het koste maar tijd.

In de Noordoostpolder hadden ze meer oog voor de archeologie. Een medewerker van Groninger universiteit, de heer Modderman, werd er mee belast. Hij onderzocht wat scheepswrakken en verdween weer naar Groningen.

Er werd een leek gevonden die veel interesse had, intelligent en leergierig, Gerrit van der Heide. Hij werd klaargestoomd op de universiteit. Al gauw kwam een oproep uit de polder. Er was weer een wrak gevonden. Dit was zijn eerste onderzoek in de polder. Hij verhuisde met zijn vrouw Klaske naar de pastorie naast het kerkje op Schokland. Al zijn vondsten bracht hij naar dit kerkje en maakte er een museum van.

Hij verrichte baanbrekend werk. Hij bewees de waarde van de scheepsarcheologie in de polders. Het reservaat P. van der Lijn bij Urk had ook zijn aandacht. Uiteindelijk werd hij hoofd van de wetenschappelijke afdeling van het Zuiderzeemuseum in Enkhuizen.

Souvenirs uit het verleden

In 1985 vond men op kavel NZ 14 in Zuidelijk Flevoland, een halffabricaat voor een stenen strijdhamer van de trechterbekercultuur. Dit type strijdhamer was tussen ca. 3500 en 2900 voor Christus in gebruik in het midden Neolithicum. Het is niet waarschijnlijk dat het om een gebruiksvoorwerp gaat, de functie zal meer op het ceremoniële vlak hebben gelegen.

Oostelijk Flevoland

Kavel L 55. Vleugellans. Datering: waarschijnlijk Karolingisch, mogelijk ook jonger.

Tussen aangevoerd grind op een dak van een school een bronzen bijl. Datering: midden bronstijd.

Noordoostpolder

Tussen 1970 en 1975 brak iemand een gekit brok zand open dat hij eerder had boven geploegd op kavel H 105 in de NOP Hij trof een grote bronzen speerpunt aan. Bij nader onderzoek bleek nog een deel van de houten steel aanwezig te zijn. De lans dateert ongeveer tussen 1100 en 1400 vóór Christus. De vindplaats is gelegen op de noordelijke helling van een met zand bedekte keileem rug. In de prehistorie lag deze rug tussen een voorma-lige loop van de Overijsselse Vecht en een van haar zijrivieren.

- Kavel M 132 van de familie Kuiper, in de omgeving van de Kuinderburcht. De vader vond in 1952 tijdens werkzaamheden een fraaie, vuurstenen dolk. Zoon Rutger vond vele vuurste-nen gebruiksvoorwerpen. In het geheel zijn op die kavel 350 vuurstenen verzameld. Een zandrug op die kavel bevatte bewoningssporen uit het laat Neolithicum en de bronstijd
- Kavel A 91 In venige plek. Scherven kogelpot en steengoed, en natuursteen. Datering: late middeleeuwen.
- Kavel C 111 In venige plek. Scherven Pingsdorf en steengoed. Datering: late middeleeuwen.
- Kavel D 134 Op rivierduin. Vuurstenen afslagen, klingen, kernen, schrabbers, scherven met plantaardige magering, en kogelpot.
- Kavel E 113 Op rivierduin. Vuurstenen afslagen, klingen, geretoucheerde afslag, schrabber, en natuursteen. Datering: Mesolithicum/Neolithicum.

- Kavel E 114 Op rivierduin. Vuurstenen afslagen, klingen en schrabber, botfragmenten. Datering: Mesolithicum/Neolithicum en middeleeuwen of recent.
- Kavel E 117 Vuurstenen afslag en kern, natuursteen. Datering: Mesolithicum/Neolithicum.
- Kavel E 148 Vuurstenen afslagen, natuursteen, scherven kogelpot en Pingsdorf. Datering: Mesolithicum/vroeg Neolithicum en late middeleeuwen.
- Kavel E 155 Op rivierduin. Vuurstenen afslagen, schrabber, natuursteen, scherven steengoed. Datering: Mesolithicum/Neolithicum en late middeleeuwen.
- Kavel E 170 Op rivierduin. Vuurstenen afslagen, klingen, schrabber, kling met retouche, mes, transversale pijlpunt, klopsteen, natuursteen, fragment bijl (kwartsiet), scherven Swifterbant Cultuur, kogelpot, vroeg steengoed en Pingsdorf. Datering: vroeg tot laat Neolithicum en late middeleeuwen.
- Kavel E 171 Op rivierduin. Vuurstenen afslagen en geretoucheerde afslag. Resten van Neolithische bewoning bij Schokkerhaven. In 1984 vonden studenten van het Instituut voor Pre- en Protohistorie in de sloot tussen kavels E 170 en E 171 aan de helling van een groot rivierduin een afvalpakket. Bij aansluitend onderzoek vond men een aantal aardewerkscherven, vuurstenen werktuig en botfragmenten. Het moet tot de Swifterbantcultuur gerekend worden.
- Kavel G 17 Op venige plek. Versierde randscherf en visresten. Datering: ijzertijd.
- Kavel G 35 Op venige plek. Scherven kogelpot, Pingsdorf, botfragmenten en natuursteen. Datering: late middeleeuwen.
- Kavel G 36 Op twee mogelijke terpen. Scherven kogelpot, met nagelindrukken versierd aardewerk en botfragmenten. Datering: ijzertijd en late middeleeuwen.
- Kavel G 37 Op venige plek. Scherven kogelpot en Pingsdorf, fragmenten benen, kam, botfragmenten en natuursteen. Datering: late middeleeuwen.
- Kavel H 101 Op stuwwal. Vuurstenen klingschrabber. Datering: Mesolithicum/vroeg Neolithicum.

- Kavel H 102 Op stuwwal. Vuurstenen klingen, geretoucheerde kling en schrabbers. Datering: Mesolithicum/Neolithicum.
- Kavel H 104 Op stuwwal. Vuurstenen afslagen. Datering: Mesolithicum/Neolithicum.
- Kavel J 12 Op stuwwal. Vuurstenen afslagen en schrabber
- Kavel J 64 Op rivierduin. Vuurstenen afslagen, klingen, kern, schrabber en scherven kogelpot. Datering: Mesolithicum/ vroeg Neolithicum en late middeleeuwen.
- Kavel J 72 Op rivierduin. Vuurstenen afslag met retouche, natuursteen en visresten. Datering: Mesolithicum/vroeg Neolithicum.
- Kavel J 74 Op rivierduin. Vuurstenen afslagen, kernen en klingen. Datering: Mesolithicum/Vroeg Neolithicum.
- Kavel J 75 Op rivierduin. Vuurstenen afslagen, klingen, tweezijdig geretoucheerde kling, schrabbers, kernbijl en natuursteen. Datering: Mesolithicum (en vroeg Neolithicum?).
- Kavel J. 76 Vuurstenen afslagen, transversale pijlpunten, schrabbers, natuursteen en scherven kogelpot. Datering: Mesolithicum/vroeg Neolithicum en late middeleeuwen.
- Kavel J 77 Op twee terpen. Scherven kogelpot, Pingsdorfen vroeg steengoed, leembrok, vuursteen en natuursteen. Datering: late middeleeuwen.
- Kavel J 89 Vuurstenen bijl, afslagen, pijlpunten, kernbijl, en scherven Swifterbant Cultuur en kogelpot. Datering: Mesolithicum/vroeg Neolithicum en late middeleeuwen.
- Kavel J 100/J 101 Oeverwal. Snededeel van een vuurstenen bijl. Datering: Neolithicum.
- Kavel J 106 Vuurstenen afslagen, schrabber, geretoucheerde afslagen en scherven kogelpot. Mesolithicum/vroeg Neolithicum en late middeleeuwen.
- Kavel J 112 Op rivierduinen en twee terpen. Vuurstenen afslagen, klingen, kernen, spitsen, trapezia, geretoucheerde afslagen en klingen, houtskool, grondsporen en aangekoolde paal, scherven Swifterbantcultuur, kogelpot, Pingsdorf en botfragmenten. Datering: laat Mesolithicum, vroeg Neolithicum en late middeleeuwen.

- Kavel J 113 Op rivierduin. Vuurstenen afslagen, klingen, kernen, schrabbers, botfragmenten en scherven kogelpot.
- Kavel J 120 Op rivierduin. Vuurstenen afslagen en geretoucheerd afslag. Datering: Mesolithicum/vroeg Neolithicum.
- Kavel J 121 Op rivierduin. Vuurstenen afslagen, klingen en schrabbers. Datering: Mesolithicum/vroeg Neolithicum.

Dit is slechts een klein deel van de vondsten.

Vondsten van oorlogen

Na het droogvallen van de IJsselmeerpolders zijn veel voorwerpen gevonden die herinneren aan oorlogen van weleer.

Ik (A.J.de Wit) herinner mij nog Oostelijk Flevoland in het begin. De gemalen begonnen in September 1956 te malen. Algauw kwam de hooggelegen zandgrond van Roggebotsluis droog te liggen. Wij verlangden ernaar in de nieuwe polder aan het werk te gaan, dus we reden met de motor nogal eens vanuit kamp Nagele via Kampen naar Roggebotsluis om te zien hoe snel het water zakte. Het eerste wat we te zien kregen was wrakhout van schepen, maar ook een reservetank voor vliegtuigen, afgeworpen tijdens de bombardementsvluchten naar Duitsland. Dit vergrootte de actieradius van deze bommenwerpers.

Ik was ploegbaas in de ontginning tussen wat later Biddinghuizen en Bremerberg werd.

Er was mij al eens wat van gezegd, maar tijdens een voor mij slap uurtje ging ik op onderzoek uit en vond tussen het riet een jachtvliegtuig in de modder. Het neuswiel stak omhoog. Het was voorjaar 1959, dus 14 à 15 jaar na het neerstorten. Ik drukte op het ventiel van het voorwiel, de lucht siste eruit, de band stond nog op spanning. Of er nog lichamen in dat vliegtuig zaten, weet ik niet; algauw moest ik naar een ander ontginningsbedrijf.

Als opzichter op een ontginningsbedrijf tussen Dronten en Biddinghuizen hadden we vaak te maken met granaten in de bovengrond. Met cultivateren en ploegen vonden de chauffeurs deze projectielen. Ze mochten er niet mee sjouwen, maar meestal legden ze het geval op het werktuig om het aan de slootkant te deponeren. Meestal nam ik ze dan voorzichtig mee naar de wegsloot en liet er een bord bijzetten met als opschrift 'gevaarlijk projectielen'. Na waarschuwing van de mijnopruimingsdienst kwamen deskundigen het spul ophalen. Het viel mij op: soms gooiden ze het projectiel zo maar achter in de bak van de wagen, soms legden ze het voorzichtig in een doos met een zachte ondergrond.

Op het ontginningsbedrijf naast ons was 'n chauffeur ook aan het cultivateren, toen hij op een groot ijzeren voorwerp stuitte. Hij sleepte het naar de kopakker. De opzichter begon er met een mesje aan te peuteren, maar vertrouwde het niet. Dus de mijnopruimingsdienst gewaarschuwd. Deze constateerde dat het een zeemijn was uit de eerste wereldoorlog, die kennelijk door het Vlie de Zuiderzee was ingedreven. De Dienst was niet in staat de mijn te demonteren. Ze hebben hem ter plaatse laten ontploffen. Het werd een best gat.

Zo kwam op ons kantoor van het bedrijf nog een helm binnen die gevonden was. Een helm met een piek. Ik meen dat de Duitse soldaten in de eerste wereldoorlog deze helmen droegen. Hij was al behoorlijk doorgeroest. Maar hoe komt zo'n helm in de Zuiderzee terecht? Een groot raadsel. De helm is met de oudheidkundige dienst meegegaan.

In Zuidelijk Flevoland vond men een V1. Het apparaat lag daar in zijn geheel in de modder. Een gevaarlijke klus om dat ding te verwijderen. De kraanchauffeur kreeg na gedane arbeid een paar dagen vakantie als waardering voor het gedane werk.

Bij het draineren in de buurt van Elburg stootte men op een stuk ijzer. Met veel moeite met behulp van een hamer wist men dat ding los te krijgen uit de machine. Later bleek het een tankmijn te zijn. Gek, maar het is nooit mis gegaan, hoe gevaarlijk het later ook bleek. We vonden ook veel uiteengereten aluminium stukken, van vliegtuigen die aangeschoten of ontploft waren. Boven het IJsselmeer is wel het een en ander gebeurd.

Zo is er de Lancaster ED 357, die in de nacht van 11 juni 1943 werd neergeschoten op zijn terugvlucht naar Engeland. Hij stortte neer in de, wat later werd genoemd, Oostvaardersplassen.

Een propeller staat nu als aandenken voor het gemeentehuis in Dronten. Tijdens de oorlog vlogen veel vliegtuigen over het IJsselmeer naar en van Duitsland. Het was veiliger voor afweergeschut. Maar er hebben zich felle luchtgevechten afgespeeld boven het IJsselmeer.

Het aantal vliegtuigwrakken in het IJsselmeer bedraagt zeker 200–300 vliegtuigen en daarmee is het IJsselmeer mogelijk het grootste vliegtuigkerkhof ter wereld.

Maar ook vondsten uit vroegere tijden. Zo heb ik twee ijzeren kogels in huis; de een met een doorsnee van 9, de ander een doorsnee van 13 cm, de laatste met een gewicht van 14 kg. Met het graven van sloten of greppels moeten ze naar boven zijn gekomen. Je zou ze maar tegenkomen op hun vlucht. En dan waren er nog twee kogels met een staaf aan elkaar verbonden, speciaal om zeil en touw van het schip van de tegenstander te vernietigen. Om de vijand te overmeesteren was men van alle markten thuis.

In de NOP vond een akkerbouwer bij Luttelgeest iets wat op een meerpaal leek. Bij nadere inspectie werd het voorwerp van hout en smeedijzer als een middeleeuws kanon herkend. Dit kanon is een zogenaamde 'draaibas of Mikhaak', dit verwijst naar het gebruik van dit type kanon. Veelal werd het op de reling van het schip bevestigd met een mik of gaffel. Daardoor kon ze om haar as draaien. Het kanon werd van achteren geladen, waardoor in hoog tempo kogels konden worden afgevuurd.

Vliegtuigen boven het IJsselmeer

Onze jongste provincie zal altijd worden geassocieerd met water. Dat echter ook de lucht boven de voormalige Zuiderzee, vooral tijdens de Tweede Wereldoorlog een zeer belangrijke rol in de geschiedenis heeft gespeeld, is niet zo algemeen bekend.

Maar het enorm aantal vliegtuigwrakken dat uit de golven van het IJsselmeer en de bodem van de polders te voorschijn zijn gekomen, spreekt boekdelen.

Zeer vele bemanningsleden van Engelse, Amerikaanse en Duitse vliegtuigen vonden de dood in het grauwe water van de voormalige Zuiderzee.

Het vliegermonument in Dronten, gewijd aan de gesneuvelde geallieerde militaire vliegers herinnert ons eraan. Het waren er veel, want gedurende de jaren 1940–1945 was het IJsselmeergebied als luchtcorridor waarschijnlijk het meest overvlogen Nederlands gebied in deze oorlog en in elk geval dé route voor bombardementsvluchten naar Duitsland.

Markante herkenningspunten

's Nachts waren het de Engelsen, overdag de Amerikanen. Zowel de Engelse luchtmacht (RAF) als de Amerikaanse (USAAF) maakte dankbaar gebruik van de markante herkenningspunten die Nederland hen te bieden had: kustlijnen, rivieren, kanalen en spoorwegen vormden evenzoveel wegwijzers naar de doelen in Noord-Duitsland, het Ruhrgebied en steden als Hamburg, Bremen en Berlijn.

Het IJsselmeergebied was bij de talloze bombardementsvluchten naar Duitsland natuurlijk gewoon de kortste weg van de luchtmachtbases in Engeland naar de havensteden en industriecentra van de vijand. Maar het was zowel op de heen- als op de terugvlucht tevens een onmisbaar baken, dat ook nog als wijkplaats dienst kon doen. Zowel overdag als 's nachts, mits de maan scheen, waren het IJsselmeer en het gebied eromheen met hun kenmerkende vormen immers zeer herkenbare punten voor de vliegers, zeker de Amerikanen en de Canadezen die dit vlakke Europa niet gewend waren, oriënteerden zich graag op de kustlijnen en de meren.

Daarbij kwam dat de Duitsers niet in staat waren zwaar lucht-doelgeschut en zoeklichten op het IJsselmeer te stationeren. De Kriegsmarine had er wel wat boten rondvaren, maar die waren onvoldoende bewapend en uitgerust om hoogvliegende, geallieer-de vliegtuigen schade te berokkenen. Met vijandelijke aanvallen hadden de vliegers trouwens dan al eerder kennis gemaakt; aan de Nederlandse Noordzeekust en vanaf de Duitse grens kregen ze het nog veel zwaarder te verduren, zowel van de FLAK (lucht-doelartillerie) als van luchtverdedigingsjagers van de Luftwaffe.

Het IJsselmeergebied betekende dus een korte adempauze voor de geallieerde vliegers; hier hoefden ze niet bang te zijn om plot-seling in de kruising van twee lichtbundels te worden gevangen, gevolgd door granaten van de FLAK, of door luchtverdedigingsjagers te worden aangevallen, althans niet in het begin van de oorlog.

Als er dan toch problemen optraden – op de terugweg, maar ook vaak op de heenweg, dan was het IJsselmeer tenminste nog een plaats waar je kon proberen een noodlanding te maken. Aangeschoten vliegtuigen zetten dan ook vaak koers naar het IJsselmeer om te proberen een 'ditch' op het water te maken. Daarbij hadden bemanningen meestal meer kans er min of meer heelhuids van af te komen dan wanneer men een noodlanding op het land probeerde uit te voeren.

De Noordzee was als 'ditch' mogelijk niet populair; er was veel meer zeegang dan op het betrekkelijk kalme IJsselmeer en het water was ook heel wat kouder. Hoewel in het IJsselmeer terechtkomen natuurlijk ook geen pretje was: als het vliegtuig zodanig beschadigd was dat de bemanning er aan parachutes uit moest springen, gebeurde dat bij voorkeur niet boven open water.

Radar en nachtjagers

Het IJsselmeer was dus een geliefde en intensief gebruikte luchtcorridor voor de geallieerde vliegtuigen en dat was de Duitsers uiteraard een doorn in het oog. Aanvankelijk hadden de geallieerden weinig te duchten van luchtverdedigingsvliegtuigen van de Luftwaffe, die was immers geheel op aanvallen georiënteerd en niet op defensieve acties gericht. Maar toen de nachtelijke bombardementsvluchten van de RAF snel in aantal en zwaarte toenamen, moesten de Duitsers er alles aan doen om de aanvallers een halt toe te roepen. De vliegvelden Twente en het speciaal voor dit doel aangelegde vliegveld Leeuwarden werden de bases voor een aantal eskaders Duitse nachtjagers, vooral de Messerschmitt BF 110 en de Junkers JU 88. Ook werden hier de eerste Duitse grondradarstations gebouwd, die model stonden voor een compleet Europees radargeleid luchtverdedigingssysteem, waarvan maar liefst vier stations rond het IJsselmeer verschenen. Het lukte de Luftwaffe met behulp van deze plaatsbepalingsmethode en de nachtjagers vele geallieerde vliegtuigen neer te schieten.

Het Engels Bomber Command veranderde echter in 1942 van strategie. Onder leiding van Air Chief Marshal Arthur 'Bomber' besloot men enorme stromen bommenwerpers als één compacte massa, vaak met duizend vliegtuigen tegelijk, naar Duitsland te sturen, om daar gigantische bommentapijten te leggen. De kolossale aanvalsgolven bleken de Duitse radar te machtig: een radarstation kon per actie maar één nachtjager op zijn doel afsturen en daardoor konden vele geallieerde vliegtuigen ongehinderd hun doelen bereiken.

En toen de USAAF met zijn dag aanvallen aan de nieuwe strategie ging bijdragen, moesten ook Duitse dag-jagers als Focke Wulf FW 190 en de Messerschmitt 109 aan de strijd gaan deelnemen. Dit leverde aanvankelijk Duitse successen op, zoals op Black Thursday, maar toen in 1944 onder meer de Amerikaanse P 51 Mustang en de P 47 als escortjagers in het geweer kwamen, werden die successen snel minder. De Luftwaffe bleek uiteindelijk niet meer in staat de nimmer aflatende 'bomber stream' het hoofd te bieden.

Grote offers

En zo was het IJsselmeergebied in de oorlogsjaren het toneel van overvliegende bommenwerpers en luchtgevechten. De strijd eiste vreselijke offers.

Tijdens de oorlogsjaren zijn er naar schatting tussen de 300 en 400 Amerikaanse, Engelse en Duitse vliegtuigen in het IJsselmeer en in het gebied eromheen neergestort. Daarbij kwamen tussen de 1200 en 1700 bemanningsleden om het leven. De sectie luchtmacht historie van de Koninklijke Luchtmacht meldt dat haar bergingsdienst meer dan 40 vliegtuigwrakken in de nieuwe IJsselmeerpolders heeft geborgen. Bij deze acties werden vele lichamen geborgen en geïdentificeerd, maar nog steeds rusten vele naamloze gesneuvelden in het water van het IJsselmeer of in de bodem van Flevoland

Na zo'n nacht dat er zwermen bommenwerpers bij ons thuis (Bodegraven) overvlogen vonden we de volgende dag veel aluminium snippers, kennelijk dienden die om de radar te ontregelen.

Namen en gebeurtenisse

In de NOP was Emmeloord vernoemd naar een buurtschap op de noordpunt van Schokland (haven); Nagele naar een dorp vroeger tussen Schokland en Urk; Ens naar een dorp (Enedseae) op Schokland en Espel naar een dorp (Espelo) ten noorden van Urk. Tollebeek lag vroeger in de buurt van Urk; Rutten lag vroeger ook ten noorden van Urk; Marknesse of (MarKenesse) lag volgens oude kronieken in de buurt van Urk en Schokland en Creil lag vroeger aan de rand v/d Zuiderzee. Luttelgeest was vroeger een plaats nabij Kuinre.

Rutten of Ruthe, in de buurt van Urk, moet in de periode van het veenlandschap behoorlijk bewoond geweest zijn (tijdens de veenvorming is bewoning onmogelijk geweest).

Over hoe het er in het gebied in de monding van de IJssel moet hebben uitgezien, zwijgen de schriftelijke bronnen. Misschien was het een veenlandschap, of een landschap van klei op veen, doorsneden met sloten of andere waterwegen met veel bosbegroeiing langs de oevers.

Mogelijk geeft de reisbeschrijving van een Noormannentocht in Friese streken omstreeks 936 ons een indruk van het landschap en de bewoning ervan in die tijd:

"Eens op een nacht, toen het stil weer was, voeren ze een grote rivier op, waar het moeilijk was om te landen en het water voor de oevers over een grote afstand ondiep. Op het land waren grote vlakten en dichtbij waren bossen. Door de vele regens waren de velden nat."

Nadat de Vikingen waren geland, trokken ze tussen de rivier en het bos landinwaarts. Zij kwamen weldra bij een dorp, waar veel boeren woonden. Deze vluchtten het bos in, evenals de bewoners van een tweede en derde dorp toen zij de Vikingen zagen naderen.

Van de bewoning in Oost-Flevoland is maar weinig bekend. Toch heeft men met een beetje fantasie de drie plaatsnamen kunnen destilleren: Dronten, Swifterbant en Biddinghuizen

Aan de noordrand van de Veluwe was in de achtste eeuw sprake van een afzonderlijke gouw, Swifterbant, die bestond uit de in en na de twaalfde eeuw verdronken veengordel tussen Elburg en Schokland. De boomstronken aan de Stobbeweg, gevonden na de droogmaking waren een restant van een groot bos. In de Vriendenkring (vrienden van Schokland) is er een leuk verslag over. In 793 schenkt Liudger, zoon van Redger, aan amico meo Liudgero presbytero een aantal akkers gelegen in het bos 'in silva que dicitur Seaeuald sive Suifterbant' (vertaald: in het woud met rijke voorraad wat genoemd wordt Zeewolde of Swifterbant) Siva was de Latijnse bos- of veldgod.

Deze Liudgero is de later heilig verklaarde bisschop en de patroonheilige van de tegenwoordige parochiekerk in Dronten. Het is misschien leuk te weten dat bij Doornspijk de gerestaureerde fundering ligt van een kerk die ook toegewijd was aan Ludgerus. Deze fundering kom je tegen als je vanuit Elburg de Ludgerusroute fietst.

Deze schenking vond in het openbaar plaats in het 25ste regeringsjaar van onze godvrezende koning Karel de Grote op 22 maart 793 op het landgoed dat Bidningahusum wordt genoemd.

De geleerden gaan er vanuit dat genoemd landgoed in het gebied van de monding van de IJssel heeft gelegen evenals het bos dat Swifterbant of Zeewolde wordt genoemd.

Tijdens ontginningen van het veen rond Nijkerk zouden volgens overlevering een paar nederzettingen hebben gelegen. namelijk Biddningaheem en Seaeuald (Zeebos).

Beide nederzettingen zijn verdwenen in het water.

In '25 jaar Biddinghuizen' stond onderstaand verslag over de naam.

In Biddingahem (Biddinghuizen), dat reeds omstreeks 800 bestond, en in vele andere plaatsen rond het Almere had men nog droge voeten. In de verte klonk echter reeds het geluid van de aanrollende golven der zee. Spoedig zou een zware tijd aanbreken voor de bewoners van laag Nederland, een tijd waarin men alles in het werk moest stellen om het land te beschermen voor een agressieve zee die met steeds groter geweld de kusten belaagde.

De oudste historische gegevens van dit gebied dateren van het eind van de 8ste eeuw.

In deze periode onderhield de zendeling Ludger nauwe contacten met de kuststreek van de Noord–Veluwe en het is niet onmogelijk dat hij daarbij per schip over het Almere reisde.

Een aantal mensen die door hem bekeerd werden, schonken hem daarna enkele landgoederen. Deze schenkingen zijn in een drietal oorkonden vastgelegd en deze oorkonden vormden tevens de eerste schriftelijke berichten over dit gebied.

De eerste oorkonde werd op 22 maart 793 opgesteld in de villa Bidningahusum, een buurtschap (later ook gespeld als Bidningahem en Biddingahem), dat hoogstwaarschijnlijk in de buurt van Doornspijk heeft gelegen.

In genoemd jaar schonk Liudger, zoon van wijlen Redger, de helft van zijn erfgoed tussen Berilsi en Enedseae en de helft van zijn aandeel in het bos Seaewald of Suiftarbant met uitzondering van de akkers die daar ontgonnen zijn.

Twee nieuwe nederzettingen in Oostelijk Flevoland zijn genoemd naar Bidningahusum (Biddinghuizen) en Suiftarbant (Swifterbant)

De tweede oorkonde dateert van 6 Juni 796. Nu was de plaats van handeling gelegen bij de monding van de rivier (Ad os Amnis) en mogelijk werd hiermee de monding van de IJssel bedoeld. De plek zelf is natuurlijk moeilijk te lokaliseren, omdat de IJssel destijds meer naar het westen in open water uitstroomde.

De schenker was opnieuw dezelfde Liudger, die nu afstand deed van een deel van zijn erfgoed in Bidningahem en in Thornspiic en zijn aandeel in het bos Suiftarbant met uitzondering van de weide Blidgeringmad. Thornspiic is zonder twijfel Doornspijk en Suiftarbant het reeds genoemde woud.

In de derde oorkonde, die dateert van 23 April 805, schonken opnieuw Liudger en Hiddo, zoon van wijlen Herewinus, een deel van hun eigendommen in de buurtschap Thornspiic, in de twee plaatsen Quarsingseli en Berugtanscotan, waarmee respectievelijk het huidige Schootbrugge en de omgeving van de oude kerk van Doornspijk bedoeld zijn. De oorkonde werd opgemaakt in de villa Biddingahem.

Na de eerste grote stormvloed van 1170 waren enorme gebieden door de waterwolf verslonden. Bidningahem was al van de kaart verdwenen.

Dronten. Als plaatsnaam komt ze niet voor tot 1200. Het waterschap Dronthen bestaat al verscheidene eeuwen. Het in het Middelnederlands voorkomende werkwoord 'dronten' betekent zwellen. Bekend is dat het eerder bedoelde veenlandschap van klei op veen tot in de 13de eeuw door zijn hogere ligging weerstand heeft geboden aan de verder oprukkende en land verslindende Zuiderzee. Misschien heeft ter plaatse van het huidige Roggebotzand, het Abbert en het Revebos een dergelijke verhoging in het landschap gelegen dat als Dronten werd aangeduid. Een naam die na verdwijning in de Zuiderzee overging op het daarachter gelegen veengebied, de latere polder Dronthen op het Kampereiland.

Geld van de Zuiderzeebodem

Wetenschappelijk onderzoek kost veel geld, maar één tak van die bedrijvigheid in de polder, het oudheidkundig bodemonderzoek, levert af en toe ook wat geld op.

Zo'n voordeeltje doet zich voor bij het vinden van oude munten, bijvoorbeeld in een scheepswrak. Op het oog zien verweerde munten, vaak door zout en bodemzuren aangevreten, er niet zo veelbelovend uit. Toch zijn de archeologen er gelukkig mee. Door gevonden munten kan men precies nagaan wanneer het schip is vergaan. Gevonden voorwerpen kunnen duidelijkheid verschaffen over de toedracht van het ongeluk, de manier van leven.

Het Koninklijk kabinet van munten en penningen, heeft zich intensief met deze materie beziggehouden, en hoe in het verleden het geldverkeer plaatsvond.

Onder Karel de Grote werd één muntenstelsel ingevoerd; één pond zilver was gelijk aan 20 schellingen, elk onderverdeeld in 12 penningen. Zo was het tot voor kort nog in Engeland.

In Frankrijk verscheen in de 14de eeuw een nieuwe grote munt ter waarde van 12 penningen. Uit Florence stamt de florijn. In onze gebieden werd door de Bourgondiërs in de 15de eeuw de gouden Karolus-gulden van 20 stuivers ingevoerd.

Tijdens de eerste jaren van de Republiek was de muntslag sterk versnipperd over de gewesten en steden. In het begin van de 17de eeuw voerde de Staten-Generaal een uniform stelsel in met de gouden dukaat, de zilveren rijksdaalder, de leeuwendaalder en een zilveren tienstuiverstuk. Pas aan het einde van de 17de eeuw komt, na het sluiten van de stedelijke munthuizen, een echte eenheid in de munten in de Nederlanden.

Gevonden geld

- 15de eeuw 2/4 stuivers; 16de eeuw dagloon 4/16 stuivers; 17de eeuw dagloon ca. 1 gulden

- Karolus-gulden 20 stuiver; Gouden Reaal 60 stuiver; Gouden Rijder 202 stuiver; goud
- Dubbele groot 1 zilveren Spaanse mat 24 stuiver, zilveren dukaat 76 stuiver.

Het ging in het verleden blijkbaar niet met groot geld.

Tragedies in de polderklei

Bij de opgravingen tekenen zich soms ware tragedies af in de polderklei. Bij een scheepswrak onder Swifterbant vond men een skelet. Op de linker heup van het geraamte lag enig kleingeld, maar uit de jaszak van de verdronkene kwam het grote geld te voorschijn, in totaal 124 gulden. Kennelijk had de schipper nog geprobeerd het vege lijf en z'n spaarpot te redden. Maar bij zijn vluchtpoging raakte hij vermoedelijk onder een lier bekneld.

Stoffelijke resten zijn er niet veel gevonden. Mogelijk is dat de meeste personen het vege lijf hebben kunnen redden, of dat hun lichamen zijn weggespoeld.

De schippers van de vrachtscheepjes die over de Zuiderzee voeren zorgden meestentijds alleen voor het vervoer van de lading. Zij verdienden niet veel, dus veel geld was er meestal niet.

Wrakkenvisserij op het IJsselmeer – K.I. 1955

Reeds in 1945 is men begonnen men het ruimen van wrakken op de vaarwegen die vaak vol lagen met wrakken, mijnen, vliegtuigen en ander gevaarlijk oorlogstuig. Dit grove werk was eind 1947 klaar. Maar in de jaren die volgden, bleven de vissers grote hinder ondervinden van alles, wat de oorlog op de zeebodem had achtergelaten. De schade die de IJsselmeervissers aan hun netten en tuig hadden opgelopen (voornamelijk door in zee gestorte vliegtuigen), loopt in de honderdduizenden guldens. En daar de klachten van de vissers, ondanks de bergingspogingen van particulieren, eerder toe dan afnamen, besloot Rijkswaterstaat in 1950 de wrakkenvisserij flink ter hand te nemen. Het was een voor deze dienst vreemd werk. Men heeft eerst een paar jaar al vissend en bergend geëxperimenteerd. Het ging wel aardig in het begin: in 1949 kwamen dertien omvangrijke vliegtuigwrakken boven water, in de jaren 1950, 1951 en 1952 leerde men al doende, en borg men heel wat wrakken, onderdelen van neergeschoten vliegtuigen, gezonken schepen en ander 'verloren voorwerpen'. In 1953 en 1954 heeft Rijkswaterstaat zich verzekerd van de hulp van de Poolster, omdat dit schip niet het hele jaar door kabels legt en dus in de slappe tijd mee kan helpen bij het bergingswerk.

De zee voor Volendam is schoon. Daar heeft men in het begin het eerst gevist, omdat de Volendammers met de meeste klachten en meldingen kwamen. In het begin namen we de vissers mee het meer op om ze zelf de plaats aan te laten wijzen waar het wrak lag. Dit werd geen succes; goede vissers, maar ze wisten nooit goed waar ze zaten. Toch zijn de aanwijzingen van de vissers voor de 'wrakkendienst' van groot belang. De leiders van de Dienst hebben een nauwkeurig 'alarmsysteem' opgebouwd. Vissers die op een wrak gestoten zijn, moeten het melden aan de havenmeester van hun thuishaven. Deze maakt een rapportje op, dat naar het kantoor van Rijkswaterstaat in Hoorn gaat. Daar tekent men op kaartjes de wrakken aan en nummert men de meldingen. Vervolgens trekt de wrakkenvisser Van Veen er met zijn maat van de 'Me 1' erop uit om te onderzoeken, wat voor soort wrak het is, op welke plek het precies ligt. Met een sleepkabel tussen twee schepen vindt men het wrak altijd. Blijft de kabel steken dan gaat een duiker omlaag om te kijken wat er ligt. Daarna komt er een wrakkenboei boven de plaats. Later komt de Poolster om het wrak op te halen. Van alles wordt er opgehaald: onder meer een Junker die in Mei 1940 naar beneden kwam, talloze vliegtuigwrakken en honderden onderdelen, waaronder complete geschutstorens, kisten met brandbommen, dropping-cilinders, waar de opengesprongen blikken voedsel als een stinkende stroom uitvloeien. In totaal zestien stenguns, heel veel munitie en zelfs een bom van duizend pond. Wel griezelig als je zulk spul bovenhaalt. In 1954 vonden ze onder meer een legerauto, een stoombarkas, een torpedolanceerbuis, een roeiboot, een scheepsschroef een ouderwetse stokanker, een Duitse jager en allerhande vliegtuigonderdelen.

De hele vracht wordt als schroot verkocht, maar de opbrengst weegt lang niet op tegen de kosten. Ruim twintig duikers, bergers en zeelieden zijn 'in touw' afgezien nog van het organisatorisch en administratief personeel. Totaal een boeiend bedrijf.

Boeiend verleden

Graven naar de glorie van de Zuiderzee.

Toen de Wieringermeer droog viel, was al wat er gevonden werd een hindernis bij de ontginning. In de NOP was dat aanvankelijk nog zo. Men vond het maar hinderlijk die wrakken in de modder. In de NOP werden mensen aangesteld om die oude troep die gevonden werd te bekijken. Een van hen was van der Heide. Deze heeft baanbrekend werk gedaan. Nergens in de wereld is zo'n gebied te vinden. Die wetenschap heeft men zelf op moeten bouwen, uiteraard met weinig personeel, want het mag niet te veel geld kosten.

Het museum van Schokland bevatte veel voorwerpen. Pas bij het droogvallen van Oost-Flevoland kwam in Ketelhaven wat ruimte, toen de werkplaats van de Rijksdienst daar verplaatst werd van Ketelhaven naar Dronten. Men kreeg toen ruimte om scheepswrakken te onderzoeken, schoon te maken en ze duurzaam te bewaren. Daarvoor werd het hout met een bepaald impregneermiddel behandeld. Als het zo lang onder water heeft gelegen en het daarna met lucht in aanraking komt, waarbij het water uit het hout verdampt, dan valt het hout snel uit elkaar. Dat impregneermiddel moet de plaats van het water innemen. Dat procedé moest helemaal op poten gezet worden. Lange tijd heeft een koopvaarder in Ketelhaven achter plastic onder een sprenkelinstallatie gestaan. Het was in de NOP gevonden, in drie delen gezaagd en op een vlet naar Ketelhaven gebracht. Dit schip is later in den Helder bij de marine onder gebracht in een museum.

Er vond een ontwikkeling plaats in het procedé. Na verloop van tijd werd het hout als een bouwpakket in die vloeistof gelegd. IJzer werd ontdaan van modder en gezandstraald. Later werd het ijzer tot hoge temperatuur verhit en daarna langzaam afgekoeld. Ook de behandeling van aardewerk, kleding, schoeisel; alles moest onderzocht worden op de beste behandeling.

In Ketelhaven werden ook de Romeinse schepen uit Zwammerdam behandeld. Het was de enige plaats waar het mogelijk was in Nederland. Naast een werkplaats was er ook een museum. De plaats in een uithoek van de polder was niet ideaal. Uiteindelijk kwam er een prachtige loods naast de Bataviawerf. Omdat er zoveel wrakken gevonden werden kon het onderzoek het aantal te verwerken wrakken niet bijhouden. Tijdelijk werd een scheepskerkhof aangelegd nabij Nijkerk. Als bouwpakket kreeg elk schip een nummer.

Ook liet men sommige schepen ter plaatse liggen en werd het met plastic omhuld, zodanig dat het regenwater opgevangen werd. Met het grondwater werd het waterpeil verhoogd.

Het schip bleef zo onder water liggen. Deze vallen op door de grote bulten in het landschap. Vóór aan de weg, waar een schip gevonden is staat tegenwoordig een afbeelding in het rood van een zeilschip. De plaats waar in het verleden een drama heeft plaats gevonden.

Proefpolder Andijk.

Zoals het in de Haarlemmermeer gegaan is, wilde men niet verder; er werd een dienst ingesteld die het allemaal moest regelen. Het begon in 1927 aan de westelijke oever van de toen nog door eb en vloed beheerste Zuiderzee. In het jaar van mijn geboorte viel de proefpolder Andijk droog, gelegen tussen Enkhuizen en Medemblik. Ongeveer 40 ha vruchtbare grond, onttrokken aan het zoute zeewater. Tijdens de indijking en drooglegging van de proefpolder was de Afsluitdijk immers nog niet klaar.

Wieg van de Wieringermeer

Met ingang van 1 juni 1930 verwisselde Ir. C. Kalisvaart zijn werk bij de suikerindustrie in Bergen op Zoom met dat bij de commissie proefpolder Andijk. Dit voordien nauwelijks bekende dijkdorp aan de Zuiderzee, waaraan de proefpolder zijn naam ontleende, was als het ware de wieg van de toekomstige IJsselmeerpolders. Hier voegde de heer Kalisvaart zich bij de reeds aanwezige landbouwkundige ambtenaren, werkzaam bij de proefpoldercommissie: Ir. Smeding, Dr. Ir. Mesu, Ir. W. Bosma, Ir. A. Zuur en Ir. G. Harmsen. Ir. Kalisvaart begon in en vanuit het laboratorium dat naast de proefboerderij in de polder stond.

Waarom proefpolder?

Het is bekend dat er door het werk van Ir. Smeding, destijds landbouwconsulent in Noord- Holland, op advies van de Commissie Lovink al ervaring is opgedaan met het in cultuur brengen van zoute gronden (Anna Paulowna). Een proefpolder geeft de mogelijkheden aan. Uitgangspunt was de verschillende aangegeven middelen voor het in cultuur brengen van de gronden aan de praktijk te toetsen, alvorens deze in de eerste polder toegepast zullen worden.

Bij Andijk begint het onderzoek.

De begeleiding van het werk door onderzoek werd trouwens één van de belangrijkste kenmerken van het project. Aanvankelijk richtte het onderzoek zich vooral op cultuurtechnische en landbouwkundige zaken. De onderzoekers zochten een antwoord op de vragen als: hoe ontwateren we de drooggevallen gronden, hoe ontzilten we ze, welke gewassen en rassen zijn het best te verbouwen en hoe zit het bijvoorbeeld met de bemesting en de hoeveelheid zaaizaad.

Het veld van onderzoek breidde zich snel uit. De wetenschappers moesten hun voelhorens ook op andere dan landbouwkundige terreinen uitsteken. Vooral na 1965, toen vaststond dat de

IJsselmeerpolders een belangrijke plaats gingen innemen in de ruimtelijke ordening van ons land, nam het onderzoek van de RIJP (Rijksdienst voor de IJsselmeerpolders) op verschillende gebieden een grote vlucht. Hoe kunnen de polders het best bijdragen tot de oplossing van de ruimtelijke problemen van ons land. Hoe krijg je Lelystad en Almere van de grond? Wat is de gewenste omvang van deze poldersteden? Dat soort vragen geeft enigszins aan dat de onderzoekers zich later voor heel andere en omvangrijker problemen zagen gesteld dan in het prille begin van de proefpolder Andijk.

Trouwens, in de loop der jaren veranderde er in het landelijk gebied ook één en ander. Zijn de Wieringermeer en de Noordoostpolder echte landbouwpolders, Flevoland kent naast landbouwgebieden, ook meer bossen, natuur- en recreatieterreinen. Aan de aanleg van een groenstrook, vogelreservaat of een kamppeerterrein gaat heel wat onderzoek vooraf. In Flevoland heeft ongeveer een kwart van het ambtelijk personeel bemoeienis met het onderzoekwerk. Het toegepaste wetenschappelijk onderzoek vormt het leeuwendeel, zoals het opstellen van adviezen aan de uitvoerende afdelingen van de dienst.

Wie denkt dat het onderzoek een hobby is van geleerde, wereldvreemde dames en heren in ivoren torens slaat de plank lelijk mis. De noodzaak van het wetenschappelijke onderzoek bij een immens karwei als het Zuiderzee-project staat in elk geval als een paal boven water; onderzoek doen is duur, maar onderzoek nalaten is nog veel duurder. De grote man naast Lely is wel Ir. Smeding die het ontginningswerk gestalte heeft gegeven en uitgebouwd heeft tot een fantastische organisatie.

Moeilijkheden bij cultuurtechnische afdeling in de Wieringermeer

Op 29 juli 1929 werd de Wieringermeer afgesloten van de toen nog open Zuiderzee; het peil op het moment van afsluiting bedroeg 0,002 + NAP.

De Wieringermeer stond daarna echter nog via kanalen in open verbinding met het Amstelmeer en met het randkanaal naar Aardswoud. De wateren van het vaste land van Noord-Holland sloegen hun overtollige water uit op deze boezem. Toen op 21 januari 1930 de Wieringermeer volledig werd afgesloten van de Amstelboezem en de gemalen Leeman en Lely op 10 februari officieel in werking werden gesteld, zakte het water elke dag een paar centimeter.

Het werd voor de Directie tijd om belangrijke beslissingen te nemen, vooral op cultuurtechnisch gebied. Het baggeren van de kanalen en het graven van de sloten, aanleg van wegen behoorden tot de taak van de Directie der Zuiderzeewerken. De detailontwatering van de kavels, met het in cultuur brengen van de zoute gronden en de kolonisatie met alles wat daarmede annex was, werd opgedragen aan de in 1930 ingestelde Wieringermeer Directie onder voorzitterschap van Ir. Dr. Smeding, toen nog Rijkslandbouwconsulent te Schagen, met Ir. Mesu en Ir. Roebroek. In 1935 kreeg Ir. Dr. Smeding alleen de leiding. Op het gebied van ontzilten, in cultuur brengen en koloniseren van dergelijke grote complexen had ons land destijds weinig ervaring. De laatste grote polder was de Haarlemmermeer omstreeks 1850; de gegevens die hierover bekend waren, waren nu juist niet erg opwekkend en bovendien betrof het hier een zoete polder. Weliswaar had de heer Smeding een grondige studie gemaakt van het herstel van de door de storm van 1916 met zout water overstroomde gronden in Noord-Holland, maar men was onzeker of de conclusies daaruit ook zouden kunnen gelden voor een drooggevallen zeebodem.

Ook was ijverig studie gemaakt van het in cultuur brengen van pas ingedijkte polders in Zeeland en Groningen; dit waren echter ingedijkte schorren en kwelders, terwijl uit de praktijk reeds bekend was, dat in cultuur brengen van onbegroeide slikken en platen met veel groter moeilijkheden en minder resultaten gepaard gingen. Ten slotte was enige ondervinding opgedaan in de proefpolder bij Andijk, maar deze ondervinding liep nog slechts één of twee jaren, zodat met het trekken van conclusies grote voorzichtigheid moest worden betracht.

Alles bijeengenomen konden over de wijze van ontwatering en in cultuur brengen van de Wieringermeer derhalve slechts aarzelend en voorzichtig richtlijnen worden verstrekt. Er kwamen nog verschillende andere onzekere factoren bij. Uit boringen was bekend dat een deel van de bodem uit zand bestond, een ander deel uit meer of minder zware klei. Men tastte volledig in het duister omtrent de aan de machines en werktuigen toe te laten wieldruk en over de vraag of machines wel zouden kunnen worden aangewend. Daarbij kwam dat bij het baggeren van de kanalen de baggerspecie in grote hoeveelheden over de Wieringermeerbodem was uitgestort in de verwachting dat door de golfslag deze stortgrond wel gelijkmatig over de zeebodem zou worden verspreid. Onbekend was of dit inderdaad het geval was en of deze stortgrond voldoende vastheid zou vertonen om te kunnen worden bewerkt. Later bij het droogvallen bleek dit in genen dele het geval te zijn; de stortvelden vertoonden veel overeenkomst met een maanlandschap met ontelbare kraters en waren vrijwel onbegaanbaar. Dit is voor de Directie een zeer onaangename en kostbare verrassing geweest. De natuur had echter, zoals later bleek, nog meer onaangename verrassingen in petto, waarmede bij het opzetten van het werkplan geen rekening was gehouden.

Hoewel de Wieringermeer dus nog enkele meters onder water stond en niet bekend was hoe deze er uit zou zien bij het droogvallen, werd door de regering aan de Directie opgedragen het opmaken van een werkplan met begroting. Op grond van de vele onzekere en onbekende factoren en risico's werd een begroting opgemaakt voor normale omstandigheden en werd deze vermenigvuldigd met risicofactor twee, dus verdubbeld. Dit is een zeer wijze maatregel geweest, omdat daardoor later veel onaangename verrassingen binnen de begroting konden worden opgevangen.

Wind- en watererosie

Behalve de stortgrondaffaire was ook de na het droogvallen optredende wind- en watererosie een zeer onaangename verrassing. Wind en regen hadden vrij spel op de eindeloze vlakte, die alleen op grote onderlinge afstanden door de onder water gebaggerde kanalen werd onderbroken.

Wanneer het regende, vormde zich al spoedig grote, zeer ondiepe plassen, die door de wind werden voortgejaagd tot het water zich over de rand in een van de kanalen stortte. De invloed van dit over de grond voortjagende water was zo groot dat in korte tijd grote kreken in de bodem werden uitgeschuurd, die steeds dieper en breder werden en waarvan sommige meer dan 100 meter lang en enkele meters diep waren. De uitgespoelde grondmassa's waren in de kanalen terechtgekomen en moesten daaruit weer worden opgebaggerd.

Had de regen opgehouden en was het bovenste laagje opgedroogd, dan kreeg de wind vat op het zand en blies die reusachtige zandwolken voor zich uit. Meermalen moesten de arbeiders in zo'n zandstorm in hun schuilhokjes een goed heenkomen zoeken. In enkele dagen waaiden greppels en sloten dicht en kon het werk van voor af aan worden aangevat. Volgens een globale berekening van de Dienst der Zuiderzeewerken was tijdens een enkele dagen durende storm in het voorjaar van 1933 alleen in de kanalen meer dan 150 000 m³ zand gewaaid, ongeacht de hoeveelheid die in sloten en greppels was terechtgekomen. Het eerste werk was derhalve, door het graven van sloten en greppels, het voorkomen van plassen; tegelijk moest door het vastleggen van de zandgronden het stuiven tegengaan door het insteken van stro. Het beste was het inzaaien van rogge of haver. Als het gewas niet werd geoogst, zaaide het zichzelf voor het volgende jaar.

Grote moeilijkheden ondervond men aanvankelijk met het gebruik van trekkers. Men verwachtte dat wieltrekkers aanvankelijk onbruikbaar zouden zijn, maar met rupstrekkers met brede rupsen zou het wel gaan. De oplossing werd gevonden door de rupsen te voorzien van houten blokken; de rupstrekkers lopen op houten klompen. Het waren Amerikaanse trekkers, dit was nieuws daar in de Amerikaanse pers, trekkers op klompen.

Al deze problemen bezorgden de Directie slapeloze nachten. Met buitengewone waardering werd gesproken over de inzet van het personeel in de kou, regen, blubber, stof en het weer opnieuw graven met de schop van de dicht gestoven greppels en sloten.

'No cure no pay'

De Directie was steeds bereid nieuwe machines en werktuigen te proberen. Als ze er wat in zag, verleende ze ook uitgebreide financiële steun. Tot overname werd pas besloten nadat de deugdelijkheid en bruikbaarheid was bewezen. Ook het draineren wilde de Directie machinaal verrichten. Toen het eenmaal draaide, gingen de machines op stal. Wegens de grote werkeloosheid in de jaren '30 van de vorige eeuw moesten de arbeiders met de schop draineren. De Heidemij en de werd ingeschakeld om leiding te geven aan 2000 werkeloze arbeiders die in barakken waren gehuisvest aan de rand van de polder. Pas laat in de NOP begon men weer machinaal te draineren. Hoewel de proeven in de polders veel geld gekost hebben zijn ze voor de ontwikkeling van de machinale landbouw in Nederland van groot belang geweest.

Noot van mij, A.J. de Wit: Ook in de NOP en Oostelijk Flevoland was er grote belangstelling om nieuwe producten bij de Directie te proberen. Nieuwe ploegen, nieuwe combines, nieuwe draineermachines, nieuwe trekkers. Al kostte het de ondernemers veel geld, de verbeteringen die in de praktijk in de polder werden aangebracht waren van onschatbare waarde voor de fabrikanten en wat is een betere reclame dan grote foto's in de krant met twintig nieuwe combines op rij over de weg naar de nieuwe polder. Het moet voor de Directie een goede handel geweest zijn.

Een pionier in de Wieringermeer vertelt

In 2006 kreeg ik een boek onder ogen, waarin de lotgevallen werden verteld van een jonge boer uit Breezand, Dirk Kunst, die door de malaise in de landbouw in de jaren '30, het als zelfstandig ondernemer op het ouderlijk bedrijf niet meer zag zitten en zijn hoop voor de toekomst richtte op de Wieringermeerpolder. Het is uit de mond van Th. List (bedrijfsboer, later de titel van landbouwkundig opzichter) in de Wieringermeerpolder, opgeschreven door een journalist.

Dit boek, afkomstig van iemand uit de Wieringermeer, circuleerde bij een aantal pioniers uit de NOP en Oostelijk Flevoland. Hun reactie was: "Je leest het in één avond uit." Dit lukte mij niet, maar het was bijzonder boeiend zoals het verteld werd, maar ook de herkenbaarheid van de gebeurtenissen van toen vergeleken met de ontginningstijd in de NOP en Oostelijk Flevoland 20 tot 50 jaar later.

Hoe de familie Kunst, afkomstig van de Waddeneilanden, door de nood gedwongen terugkwam naar het vasteland en daar begon te boeren op onvruchtbare grove zandgrond van de Anna Paulownapolder en door infiltratie, kunstmest en hard werken zich een boterham verschafte en ook de kiem legde voor de interesse van kleinzoon Dirk voor deze manier van boeren. Dirk wilde boeren niet leren, maar op aandrang van zijn vader volgde hij toch twee winters een tuinbouwcursus, daarna een landbouwcursus. Omdat een gedeelte van het bedrijf uit grove zandgrond bestaat, legt hij op aanwijzingen van zijn vader een infiltratiesysteem aan, dat later in de Wieringermeer en de NOP zijn grote praktische waarde bewees. Ir. Smeding, deskundige van door zout geïnundeerd land in Noord-Holland tijdens de overstroming van 1916 – de Wieringermeer kwam in 1930 droog van zout water – komt bij hem informeren wat de Zijpeboeren doen tegen het verstuiven van de zandgronden. Dirk adviseerde Smeding winterrogge te zaaien over de greppelgrond. In oktober wordt de eerste rogge gezaaid. Niet voor de oogst, maar als proef om het dichtwaaien van greppels en sloten tegen te gaan. Dit contact

gaf hem de moed Ir. Smeding te vragen om in de Wieringermeer
te mogen werken. Hij begon met greppels graven in dienst van
de Heidemij, maar na twee weken stelt Smeding hem aan als
karteerder in dienst van de Directie van de Wieringermeer. Hij
ziet de eerst gezaaide rogge met een frisgroene kleur op het veld
staan. Als karteerder maakt hij ook plannen voor de infiltratie
(waterhuishouding) van de zandgrond. Hij geeft de plannen door
aan Ir. Smeding. Inmiddels heeft hij een vaste aanstelling, dus
is verzekerd van brood op de plank.

Oud-leerlingen van Ir. Smeding, Schenk, Kaan en Dirk Kunst,
maken kennis met Ir. Van Steen, assistent van Smeding en leider
van de bodemkartering. Op een morgen is hij zo bezig met het
in kaart brengen van een kavel als heren van de Directie hem
opzoeken om kennis te maken. Zij vragen naar de stand van de
rogge, daarbij krijgt hij opdracht het karteren te beëindigen en de
kavels rogge na te gaan om te zien welke kavels oogstbaar waren.

Ir. Mesu merkt schertsend op:

„Dit is de installatie van de eerste bedrijfsboer."

Inspecteur Ir. Minderhoud vraagt hem enkele dagen later
naar de resultaten, maar Dirk is nog maar half klaar, indach-
tig de woorden van Ir. Van Steen, nauwkeurig te werken. "Het
komt op geen 10 ha aan," aldus Minderhoud. Deze vraagt ook
naar de hoeveelheid kunstmest die er nodig is. Dirk Kunst moet
het regelen om deze kunstmest op te slaan. Zo werken theorie
en praktijk samen om een manier te vinden, die het mogelijk
maakt de drooggevallen polder te ontginnen en ervaring op te
doen voor de volgende polders.

De eerste schuit kunstmest komt aan. Deze werd opgeslagen
in de pas gebouwde open schuur. Het strooien ervan was een
groot probleem. De grond heeft nog geen draagkracht. De eerste
Fordson-wieltrekkers met brede ijzeren wielen zakken nog weg. Dan
komen de eerste Caterpillar-rupstrekkers in de polder. Trekkers
die ook de NOP en Oostelijk Flevoland hebben helpen klaarmaken.
Er worden 70 cm brede houten klossen op de rupsen bevestigd.

Grote partijen gras- en klaverzaden worden gemengd op het
Z.A.P-pakhuis en in de open schuur op het ontginningsbedrijf

'de Eerste'. Gemengd met chilisalpeter en verstrooid door ervaren kunstmeststrooiers.

Een massa nieuw materiaal wordt aangevoerd en beproefd in deze moeilijke grond. Dirk Kunst regelt het allemaal in ruggenspraak met de leiding. Hij krijgt er een assistent bij. Alles wordt genoteerd, de hoeveelheid zaaizaad per ha, kunstmest, tractor en manuren. Elke dag moeten de trekkerchauffeurs een briefje inleveren met de draaiuren van de trekker en de manuren. In feite is toen een begin gemaakt van de administratie zoals die gevoerd is tot in Zuidelijk Flevoland. Er komen vier- scharige ploegen die in combinatie, acht scharen achter een Caterpillar, goed werk leveren. Die combinaties hebben ook de NOP en Oostelijk Flevoland klaar gemaakt. Tot acht meter brede zaaimachines voldeden prima ook in de NOP evenals Oostelijk Flevoland en veel klein materiaal zoals schijfeggen, scharniereggen, toolbaars en dergelijke.

Zo werd Dirk Kunst door bouwkundig architect Van Eck gevraagd over de verschillende typen Noord-Hollandse stolpboerderijen. Met Avis maakte Dirk plannen over de infiltratie van de zandgronden. Dit onder grote belangstelling van Ir. Kalisvaart, de man van de proefpolder Andijk. De nummers van de kavels werden ingedeeld in secties van A tot zo nodig Z.

Elke kavel had een letter en een nummer.

Een bordje vóór op de kavel gaf aan bijvoorbeeld H 106. Dit was een kavel in de H-sectie met het nummer 106. Zo kon elke kavel direct getraceerd worden, een systeem dat ook in de volgende polders gehandhaafd bleef. Voor de betrekking van bedrijfsleider en assistent-bedrijfsleider waren veel gegadigden. Het ging slecht in de landbouw, dit was een mogelijkheid van een goede broodwinning. Dirk krijgt de leiding van het Centraal Beheer. Een boeiende en moeilijke functie. Het is onvoorstelbaar wat er in zo'n groot bedrijf omgaat aan zaaizaden, granen, kunstmest, materiaal, enzovoorts. Praktisch alles ging over Centraal Beheer, later het Centraal Magazijn geheten. Elk ontginningsbedrijf had zijn vaste inventaris. In de Wieringermeer was het Jan Bodewits die de ontginningsbedrijven langs ging op de fiets om te informeren naar de behoefte aan materiaal, ook de brandstof en de olie. In de NOP en Oostelijk Flevoland was het opzichter Prins die dagelijks met een stel ossen tijdens de oorlog later met een vrachtauto langs de ontginningsbedrijven reed om bestellingen op te nemen en te brengen. Vanaf het hoofdkantoor worden de bestellingen gedaan via het Rijks Inkoopbureau onder meer ook grootmateriaal, kunstmest en zaaizaad. Het zou een chaos geweest zijn als er niet op gehamerd werd dat controleren heel belangrijk was. Toen al werd het materiaal jaarlijks geteld.

Het verhuizen van de bedrijfsboeren werd door het Centraal Magazijn verzorgd. Elke week schreven de bedrijfsboeren hun weekrapport met vermelding van de vorderingen van de werkzaamheden, stand van de gewassen en alles wat vermeldingswaardig was. Elke week was er ook een vergadering met de inspecteur, waarbij ze op de hoogte gebracht werden van de belangrijke zaken, discussieerden over problemen bij de ontginning, orders kregen om uit te voeren enzovoorts. Dit is zo gebleven tot in Zuidelijk Flevoland.

Ir. Smeding begon met een drietal oud-leerlingen van zijn landbouwschool. Hij stelde veel vertrouwen in hun praktische kennis. Met de theoretische ingenieurs en de praktisch ingestelde landbouwkundige opzichters werd er in de Wieringermeer en in de andere IJsselmeerpolders een pracht stuk werk geleverd. Onder leiding van Ir. Smeding is er de juiste koers uitgezet in het onbekende ontginningswerk in de Wieringermeer. Dit is doorgezet in de latere polders. Dit doet mij denken uit de eerste tijd in de NOP. Pas een paar maanden in de polder, werd ik als magazijnknecht naar een cursus E.H.B.O. gestuurd. Landbouwkundig opzichter J. van de Riet had geen zin in die cursus. Daar maakte ik kennis met die landbouwkundig opzichters, jonge, zelfbewuste kerels, waarmee, naar ik later hoorde, de inspecteurs best wel eens moeite hadden. Ik vond het als een groentje in de ontginning best wel indrukwekkend. Ook de gesprekken onder de landbouwkundige opzichters is zo herkenbaar. Bedrijfsboer blijven of op een eigen pachtbedrijf

ondernemer worden. Het oprichten van boerenleenbank, Aan-
en Verkoopvereniging voor aankoop van zaaizaad, kunstmest
en dergelijke, en verkoop van hun producten als ze eenmaal
pachter zijn. Dit doet mij denken aan de laatste tijd in de NOP
in kamp Nagele. Oost-Flevoland viel droog. Wat hebben we gefilosofeerd hoe het landbouwkundig moet gaan in de nieuwe
polder Oostelijk Flevoland. Het was nog een onzekere toestand.
Een ding stond vast: één boerenorganisatie. Later bleek de
weerbarstige werkelijkheid

In de eerste tijd waren er driemaandelijkse mededelingen, in
de NOP is dat om de twee maanden geworden. Hierin kwamen
alle verslagen die van belang waren voor het reilen en zeilen van
de Dienst. Ze werden zowel door de buitendienst als door het
kantoorpersoneel en leiding goed gelezen.

Mensen onder stamnummer noch ploegbazen en bedrijfsboeren hadden een vaste aanstelling. In de Wieringermeer werden
de bedrijfsboeren na drie jaar beëdigd en als landbouwkundig
opzichter aangesteld. Ik weet niet of ze toen een vaste aanstelling
kregen. Ik werd in 1960 direct aangesteld als landbouwkundig
opzichter, maar kreeg pas in 1964 mijn vaste aanstelling, dus
vlak voor ik ontslag nam om zelfstandig pachter te worden op
een akkerbouwbedrijf.

Bekende namen in de NOP uit de Wieringermeer zijn: Smeding,
Boer, Blaakmeer (magazijn), Brandsma (mijn laatste opzichter
op J.44 in de NOP), Avis, Kalisvaart, Prummel en natuurlijk
Minderhoud als landdrost in de NOP

Ik bewonder Dirk Kunst zijn vakmanschap, gedrevenheid
en zijn secure werken. Wat vakmanschap betreft, kon ik niet
aan hem tippen. Gedreven was ik wel maar mijn administratie
was niet mijn liefste bezigheid. Ik hield van de contacten met
de mannen. Het boek over Dirk Kunst was machtig om te lezen. Boek geschreven in de Wieringermeer. Bij elke bladzijde
ben je aan het vergelijken toen en na 35 jaar. Het was boeiend
dat toen al het fundament werd gelegd voor de ontginning en
exploitatie van de volgende polders. Ir. Smeding zocht boerenjongens die voortgezet landbouwonderwijs hadden genoten om

leiding te geven, maar ook om bij de toenemende mechanisatie vakbekwaam personeel te hebben. Het lokkertje was mogelijk een mooi landbouwbedrijf in de polder.

Joodse pioniers.

In Frankrijk wachtte de beruchte oorlogsmisdadiger Claus Barbie op zijn proces. Minder bekend was dat Barbie via een list bewerkstelligde dat 300 mensen uit Nederland naar het dodenkamp Mauthausen werden getransporteerd. Dit waren joden afkomstig uit het werkdorp Nieuwesluis in de Wieringermeer. Het was een opleidingskamp voor joods–Duitse vluchtelingen, dat werd gepacht van de toenmalige Directie Wieringermeer en waar oud- RIJP ers de bedrijfsleiding voerden. Cultuurrijp, het maandblad van het personeel, dook in de historie en stuitte op een aantal ontroerende en dramatische feiten.

Terwijl in de dertiger jaren Nederland bouwde aan zijn Wieringermeer zwoegden de nazi's in Duitsland aan hun Derde Rijk, een staat waar geen plaats was voor de nakomelingen van Jacob. In de roerige jaren '30, die de schaduw van de naderende catastrofe al met zich droeg, ontvluchtten vele Duitse joden de 'Heimat' en velen daarvan dachten in Nederland een veilig heenkomen te vinden. Ondertussen zaten de joodse organisaties in ons land ook niet stil en riepen de stichting Joodse Arbeid in het leven, teneinde wat aan het vluchtelingenprobleem te doen. Met deze stichting, onder voorzitterschap van Dr. George van de Bergh, nam de Nederlandse regering het initiatief om een werkdorp in te richten voor de vluchtelingen. Daar konden ze dan een agrarische opleiding krijgen als voorbereiding voor een emigratie naar bijvoorbeeld Palestina.

Geen kaas

Dit kamp, Nieuwesluis geheten werd in 1934 in de Wieringermeer
opgericht. De grond werd gepacht van de Cultuurmaatschappij,
een onderdeel van de Directie Wieringermeer. De directie van
het kamp was joods, maar omdat zij evenals de meeste vluchtelingen geen kaas had gegeten van de landbouw, zorgde de
Wieringermeer Directie voor de bedrijfsleiding. Bekende namen:
A. Kemmeren, A. Slabbekoorn, F. de Jong en T. List.

De vluchtelingen waren voornamelijk jonge, ongehuwde mensen van in de twintig jaar uit verschillende milieus afkomstig.
Er waren veel intellectuelen onder, zoals advocaten, apothekers
en artsen, maar ook kantoor- en winkelpersoneel: jongens en
meisjes die niets anders dan het vege lijf hadden kunnen redden.
Maar voorlopig bevrijd van de druk en de angst namen zij het
ongerief en het voor hen onbekende boerenleven blijmoedig op
zich. Ze konden in de Wieringermeer weer vrij ademhalen en de
grootste zorg om te overleven was voorlopig voorbij.

De bedrijfsleider had wel zorgen, hij moest een bedrijf van
80 ha uit de grond stampen, de zaaitijd naderde en dat allemaal
met een groep intellectuelen die haast geen varken van een koe
konden onderscheiden. Steeds meer vluchtelingen wisten de weg
te vinden naar de Wieringermeer. Het bedrijf groeide daarom
uit naar 300 ha.

Er werd een groot gemeenschapsgebouw opgetrokken en
er verrezen steeds meer barakken. Daarnaast werden er onder
meer een smederij, een meubelmakerij en een timmerwerkplaats
opgezet. Er ontwikkelde een bijna knus kampleven met culturele avonden en ontspanningsuren; onderling werd een hechte
band gesmeed. Ondertussen probeerde Kemmeren met kunst
en vliegwerk het bedrijf gaande te houden. Kunstmest strooien
bijvoorbeeld, een precies werkje, anders krijg je geen egaal gewas
(strepenziekte). De handigsten eruit gezocht en die een ronde
zelf voordoen. Daarna een paar ronden achter de strooiers aan
lopen en aanwijzingen geven. Daarna gauw naar een andere
afdeling. Hij was een manusje van alles en 's avonds hondsmoe.

Soms was de situatie komisch. Bij een gelegenheid was er één
de tanden van de paarden aan het poetsen Bij de schaft moesten
de paarden met de kont in de wind staan. Een deed het verkeerd
en werd erop geattendeerd. De volgende dag had de goede de
man het paard in de aangewezen richting geplaatst, maar de
wind was gedraaid het paard stond dus weer verkeerd. De man
begreep het niet zo gauw.

Marianne Philips gaf een ooggetuigenverslag van het kampleven in haar brochure Nieuwe grond. Zij geeft een beschrijving
van het leven in het kamp en bekijkt het van een andere zijde.
Toekijkend terwijl de jonge vluchtelingen aanschuiven voor de
maaltijd: gebogen profielen, gebruind en met een merkwaardige
vaste trek, nog wel zorgelijk bij enkelen. En vooral allen: reëel.
Geen peinzers die boven hun bord aan abstracties denken; hun
universitaire opleiding zijn ze allang vergeten. Wie het niet kan
vergeten mislukt. Ze kunnen niet terug.

Inmiddels was de situatie in Nederland er niet beter op geworden. De N.S.B. werd steeds brutaler. Duitsland viel Nederland
binnen. De Duitsers lieten zich aanvankelijk weinig zien in het
kamp. Maar de spanning steeg en werd allengs voelbaar. Wanneer
zou de bom barsten?

Toen kwam de gedenkwaardige dag 17 mei 1941. Oud-
bedrijfsleider Kemmeren: "Ik was die dag op kavel B 3 en zag zeven
lege autobussen met enkele personen erin langs de Waardweg
aan komen, ik dacht: dat is foute boel ik reed op de fiets dezelfde richting uit. Het gemeenschapsgebouw werd omsingeld door
de Duitsers en de telefoonverbinding verbroken." Daar maakte
Kemmeren kennis met Lages. Hij moest zijn naam noemen en
met een stel Duitsers moest hij de voorkamer in. Alle joden
moesten in de bussen en weggevoerd. Kemmeren probeerde
van alles om dit te voorkomen. De voedselvoorziening zou in
gevaar komen; als alles weg was, zou het bedrijf kapotgaan.
In oorlogstijd is de voedselvoorziening belangrijk. Daar wilde
Lages niets van weten. Uiteindelijk mochten er 60 blijven. Alle
bewoners werden gedwongen in een halve rij voor het gebouw te
gaan staan en Kemmeren moest aanwijzen wie mochten blijven.

Een onmenselijke opgave. 300 Paar ogen staren je aan, 300 mensen afwachtend wat hun lot zou zijn. Kemmeren kon niet anders dan redden wat er te redden viel. Hij zou dat zijn leven lang niet vergeten. Eigenlijk leek het met de mensen goed af te lopen, de bussen met hun levende have reden naar Amsterdam en ze werden in de joden wijk losgelaten.

Enkele aanslagen tegen Duitse instellingen luidden definitief het einde van het joodse werkdorp in. De Duitsers hadden niet de namen van de groep. Ze informeerden bij de Joodse Raad in Amsterdam naar de namen van deze groep. Ze zouden weer naar het werk in de Wieringermeer vervoerd worden. In het vertrouwen dat ze in de Wieringermeer veilig zouden zijn, verschafte de Joodse Raad de namen Ze werden afgevoerd naar de gaskamers in Polen.

Na de afvoering op 17 mei ontstond een enorme paniek onder de achterblijvers. Regelmatig kwamen Duitsers kijken. De bedrijfsleiding adviseerde de overgebleven joden ergens buiten de Wieringermeer onder te duiken. Een behoorlijk aantal is dat ook gelukt; zij hebben de oorlog overleefd.

Toen de zestig de opdracht kregen naar Amsterdam te komen, waren er velen verdwenen. De Duitsers wilden van het kamp een oefenplaats maken voor Nederlandse jonge boeren die naar Oekraïne zouden emigreren. De Directie van de Wieringermeer werkte het stelselmatig tegen. Het lukte het bedrijf in eigen hand te houden. Op 17 april 1945 werd de polderdijk opgeblazen door de Duitsers bij deze boerderij en werd de Wieringermeer door de Duitsers onder water gezet.

Er is een monument opgericht bij de Oostwaardhoeve met alle namen van de 50 vermoorde joodse vluchtelingen.

Overal muggen.

De kranten stonden vol van de muggenplaag op de Afsluitdijk. De huizen, de bermen van de weg, alles in de buurt van de dijk zwermde vol van de muggen. Ontelbare insecten, een ware muggenplaag.

Het was beangstigend. De foto's geven een beeld, maar de werkelijkheid is veel erger. Men moet die beestjes zien waar men hen ziet krioelen, men moet de levende nevel zien vormen of dansende wolken. Ja, men moet er maar middenin staan, een Egyptische plaag. Als zo'n polder droogvalt, is het één onbegaanbare en onoverzienbare moddervlakte. De ideale situatie waarin de mug zich ontwikkelt. Later in Oostelijk Flevoland waren in het begin ook veel muggen. We zaten op een bedrijf een kilometer van de dijk. Maar rond die dijk zag je de eerste tijd vaak hele zwermen muggen.

Ook de vogels. In zo'n beginperiode van de polders had je meer dieren in deze bijzondere situatie. Zo was het met de bruine en grauwe kiekendief. Deze kwamen veel voor in rietvelden en moerassen. Vooral de bruine kiekendief stond in Oost Flevoland algemeen in de belangstelling, zo zelfs dat het gebruik was in de polder het embleem van de kiekendief op de auto te plaatsen. Waar je ook kwam: de auto met dat embleem gaf aan dat de bezitter van die wagen uit Flevoland kwam. De grote velden riet en de moerassen zijn verdwenen. Zo ook de grote aantallen kiekendieven.

Een vogel die ook in de beginperiode van Oostelijk Flevoland veel voorkwam was de fazant. In de eerste tijd dat we een landbouwbedrijf hadden in Oostelijk Flevoland waren er veel op het bedrijf. In de zomer huisden ze op de kavel. Ze broedden ook in nesten op de grond. Het was wel oppassen met de voorjaarsbewerkingen, de nesten waren niet zo makkelijk te zien. In de winter liepen ze in de windsingel rond de boerderij. Een prachtig gezicht om zo tien tot wel twintig van die mooie vogels te zien scharrelen voor het raam. We lokten ze ook wel door ze wat te voederen in de winter. Later zijn ze helaas verdwenen uit het landschap. Men geeft de schuld aan het gebruik van bestrijdingsmiddelen. Mijns inziens is de vos de grote schuldige. De fazant is een feestmaal voor de (beschermde) vossen. De vossen hebben een scherpe neus om de broedende fazant op te sporen.

De Noordoostpolder (NOP)

Overstap van de Wieringermeerdirectie.

Op 30 september 1941 werd een fase afgesloten van het inpolderingswerk in de Wieringermeer. Een fase waarmee men, losstaande van het maken van de afsluitdijk, in 1927 was begonnen, namelijk de inpoldering van de Wieringermeer die op 21 augustus 1930 droogviel.

Op die gedenkwaardige dag in 1941 was de bevolking van de Wieringermeerpolder samengestroomd in Middenmeer. De directeur van de Wieringermeer, Ir. S. Smeding, onthulde er het beeld De Zaaier met de trotse tekst 'Hier werd een toekomst geboren, bouwt voort'.

De aanwezigen beseften natuurlijk niet dat krap vier jaar later het beeld amper het hoofd boven water zou kunnen houden. De Duitsers hadden bij hun smadelijke nederlaag de meerdijk opgeblazen.

Smeding en zijn medewerkers wachtte een nieuwe uitdaging in de NOP. Anderen namen hun taken in de Wieringermeer over. Dit officiële afscheid van de Wieringermeer wil niet zeggen dat de Wieringermeerdirectie zich voordien niet had bezig gehouden met de NOP. Samen met de Dienst der Zuiderzeewerken was in 1935 een algemeen werkplan voor deze polder opgesteld. De Directie kreeg daarop in 1937 opdracht zich bezig te houden met de landbouw problematiek van de Noordoostpolder.

Directeur Smeding en zijn medewerkers hadden zin in hun nieuwe taak, maar eerst moest worden besloten hoe de zaak in organisatorisch opzicht moest worden geregeld. Een commissie oordeelde dat een in te stellen 'Openbaar Lichaam' moest worden belast met de ontginning, exploitatie en uitgifte van de poldergronden alsmede met het treffen van de gemeentelijke voorzieningen voor alle toekomstige polders. Het zou moeten ressorteren onder de departementen van Waterstaat en Financiën. Een departement van Landbouw bestond toen nog niet.

Door de Duitse bezetting kon de commissie geen eindrapport uitbrengen. Het was trouwens de vraag of de inpoldering moest en kon worden doorgezet. Uiteindelijk werd daartoe op 17 januari 1941 besloten. Maar wie zou het werk leiden? De departementen van Waterstaat en Financiën zaten er beiden aan te trekken. En de meerdijk van de Noordoostpolder was inmiddels gesloten en de bemaling begonnen. De impasse bleef en de urgentie groeide.

Totdat secretaris-generaal Spitsen van Waterstaat de knoop doorhakte. Als noodoplossing kreeg Smeding, als Landdrost, op 25 juli 1941 een persoonlijke opdracht de werkzaamheden ten behoeve van de Noordoostpolder te verrichten met inschakeling van het onder hem dienende personeel.

Het was in ambtelijk opzicht een gekke, onorthodoxe opdracht in een bijzondere ondemocratische tijd, maar de Dienst van Smeding was de enige die de ontginning zou kunnen volbrengen. Voor die Dienst was het een plezierige oplossing, want onder het vertrouwde Waterstaat zou men méér vrijheid van handelen hebben dan onder Financiën. En er moest worden gehandeld.

Voor iedereen brak een hectische tijd aan. De Dienst met alles erop en eraan moest worden overgeplaatst van Noord-Holland naar Overijsssel en Friesland. Het was een gigantische operatie in de oorlogstijd met zijn vele tekorten en onmogelijkheden. Omdat er vrijwel niets te koop was, moest alles uit de Wieringermeer worden meegenomen ondanks het tekort aan transportmogelijkheden. Wat zelf kon rijden of lopen (bijvoorbeeld de paarden in oktober 1941) moest zelf de verre tocht maken.

Huisvesting.

Ook de huisvesting van personen en kantoren ging moeizaam. Een gedeelte van het leidinggevende en administratieve personeel verhuisde mee. In Zwolle, Vollenhove en Lemmer bouwde de Directie voor hen dienstwoningen die ter verplichte bewoning werden aangewezen. Rijkswaterstaat kende deze huizen meer, bijvoorbeeld bij bruggen en sluizen. Als schadeloosstelling werd een bepaald, vrij laag percentage van het salaris, ingehouden.

Het systeem hield in dat als het dienstverband werd verbroken het huis moest worden ontruimd.

Zodra de polder voldoende was drooggevallen, werden verder houten gezinsbarakken gebouwd en verhuurd aan leidinggevend personeel. In Emmeloord werden in de jaren 1943 en 1944 de eerste definitieve stenen woningen voor hen gebouwd. Anderen voorzagen zelf in hun huisvesting, hetzij in een van de randgemeenten, hetzij in een houten noodwoning, een woonark of een salonwagen in de polder. Het hoofdkantoor van de Directie van de Wieringemeer, die de oude naam handhaafde maar er tussen haakjes 'Noordoostpolderwerken' aan toevoegde, werd in Zwolle gevestigd. De gemeente Zwolle verhuurde er in augustus 1941 de voormalige ambachtschool aan de Menno van Coehoornsingel voor. Het gebouw kreeg de naam Flevo. Toen het later te klein werd, bouwde de Directie er in de jaren '50 zelf een vleugel aan.

In dit kantoor waren behalve de directeur en de plaatsvervangende Flevo-directeur, de binnendiensten van de bouwkundige afdeling, de sociaal-economische afdelingen, de afdeling secretariaat en comptabiliteit ondergebracht. De landbouwkundige afdeling zetelde met de cultuurtechnische en een wetenschappelijke tak voornamelijk in Kampen en in districtkantoren te Ramspol (DK2), Vollenhove (DK3), Kuinre (DK4), Lemmer (DK5) en na enige tijd ook in Emmeloord (DK6). Voor kantoor Kampen verhuurde de gemeente Kampen het verbouwde, voormalige stadsziekenhuis met een speciaal gebouwd nabijgelegen laboratorium/kantoor. De districtkantoren werden in houten barakken ondergebracht. Daarmee was men er nog niet. Ook de werkers in het veld moesten worden gehuisvest. De eerste arbeiders kwamen op de fiets van huis naar het werk of ze zochten een kosthuis aan de rand van de polder In ijltempo werden arbeiderskampen gebouwd. Eerst kamp Blokzijl op 1 september 1941, gevolgd door Kuinre op 8 september 1941, Kadoelen op 1 oktober, Vollenhove op 3 november, Ramspol op 10 november en nog vele andere. De Directie van de Wieringermeer (Noordoostpolderwerken) had weer structuur gekregen.

Een barre tocht

Verhuizingen zijn bij de Dienst geen onbekend verschijnsel. Gedurende zijn bestaansgeschiedenis veranderden kantoren, bedrijfsgebouwen en dergelijke verschillende malen van plaats. Vroeger betekende zo'n verplaatsing vaak een hele onderneming. Zo bracht de Cultuurtechnische afdeling de bullen van de Wieringermeer naar de Noordoostpolder goeddeels over met paard en wagen. Dat klinkt erg romantisch, maar toen vonden de werklieden die het aanging het een barre tocht. De heer Dijkstra uit Elburg, een gepensioneerd CA'er maakte in 1941 zo'n rit mee. Puttend uit zijn herinnering vertelt hij over die ervaring.

Stapvoets over de Afsluitdijk

's Morgens 6 oktober vertrokken ze tegen acht uur met een man of drie uit de Wieringermeer. Achter onze 'karos' waren nog twee Belgische trekpaarden gebonden. Verder ging de woonwagen van de familie De Bruin mee. De paarden liepen natuurlijk stapvoets. 's Avonds bereikten ze het eind van de Afsluitdijk. In Harlingen, waar zijn ouderlijk huis stond. Daar brachten ze de nacht door.

De volgende dag om half acht stonden de paarden weer ingespannen. In de stromende regen vervolgde de karavaan de reis. Hoewel het niet mocht, namen ze de rijksweg (veel verkeer was er niet); ze hadden geen zin in een grote omweg. Bij IJsbrechtum, een plaatsje bij Sneek, hielden ze halt. De woonwagen van De Bruin bleek een vastgelopen wiel te hebben. Dat was dus een akkefietje voor de dorpssmid. Zij lieten De Bruin bij Sneek achter. Zij probeerden vóór donker Lemmer te bereiken. Maar er kwam een kink in de kabel, doordat de wagen een lekke band kreeg. Een reserveband en een krik behoorden niet tot hun uitrusting. Het parool was dus een smid zien te zoeken, die de boel kon repareren. Met geleend gereedschap (van een boer in de buurt) lukte het de band eraf te krijgen. Per fiets, die ze achter op de wagen hadden liggen, ging een van hen naar Woudsend om de band te plakken. Dat kostte hen 1 ½ gulden. In de nabije omgeving bij café Spannenburg vonden ze een onderkomen voor de nacht, na eerst tevergeefs bij enkele boeren te hebben aangeklopt. Voor de paarden was er een schuur waar ze de dieren ook konden verzorgen. Hun doorweekte kleren mochten ze drogen bij een cokeskachel. De kastelein gaf hun ook de gelegenheid de inwendige mens te versterken. Daarna zochten ze het bed op, dat wil zeggen een plekje in het hooi bij de paarden. De waard beschikte namelijk niet over slaapplaatsen. De volgende morgen (zaterdag) wekte de cafébaas hen om zes uur. Ze kregen voor onderweg leeftocht mee. De rekening bedroeg 3 ½ gulden, daar was het voer van de paarden bij inbegrepen. Rond de klok van twaalf zaten ze op de oude zeedijk Kuinre-Blokzijl. Daar troffen ze het gezelschap van de heren Prummel en De Boer, die naar hen stonden uit te kijken. Spoedig reden ze de nieuwe polder binnen en na ruim een uur kwam het einddoel in zicht: de bedrijfsschuur van Blaakmeer.

’s Maandags melden ze zich op kantoor DK 3 in Vollenhove. De ontvangst was niet bepaald hartelijk: ze kregen een uitbrander omdat ze te laat arriveerden. De kosten kregen ze gelukkig wel vergoed.

De gevaarlijke overtocht

”In een benauwde tijd aan de zee ontrukt,” geeft D.A. Klumpje een leuke indruk van de situatie die er was bij Ramspol in de beginperiode van de NOP.

Het is nog vroeg als hij op maandagmorgen 10 november 1941 voor de Ramsgeul staat. Stormen doet het nog steeds, nu vanuit het zuidwesten. Het is donker en het tussen de basaltglooiing hoog opspattende water bezorgde hem zo nu en dan een ongevraagde koude douche.

Om hem heen staat een schare gelaarsde mannen. Die kennelijk allemaal de polder als bestemming hebben. Plotseling komt er beweging in de groep voor hem en tegelijkertijd word hij opgeduwd; hij moet zich laten meevoeren, maar zorgt er wel voor dat hij de fiets bij zich houdt. Ook hij draagt rubberlaarzen en dat is maar goed ook, want ineens merkt hij dat het water om zijn voeten klotst.

Dan grijpt een grote kerel zijn fiets en zwaait die met een sierlijke boog in een ijzeren schuit die al plaats biedt aan meerdere mannen met fietsen. Het is net of de wind nog sterker wordt, maar veel tijd om daar op te letten is er niet. Dezelfde hand die zijn fiets omhoogsleurde, grijpt nu ook zijn hand en ook hij wordt aan boord gehesen. Op dat moment hoort hij roepen: "Schipper U vaart voor eigen verantwoording." Deze echter heeft alle aandacht nodig om de legerpont door de hoge golven langs de 70 meter lange kabel, die is gespannen tussen de vaste wal en de scheidingsdam, tussen het Ramsdiep en de Ramsgeul, te loodsen. Dit deed hij door steeds een zware klos langs de kabel te trekken. Het vaartuig schommelt verraderlijk over de golftoppen, want de van het IJsselmeer aanstormende wind heeft nu vrij spel op de boot en zijn lading. Gelukkig komt de strekdam in zicht, waar zij zullen worden ontscheept.

Aan de andere zijde van de strekdam gaan ze met een veerpont verder, nu over het Ramsdiep. De afstand is aanmerkelijk korter, maar het water is dieper en de golven zijn dientengevolge wat minder kort. Ook wordt de wind wat gebroken door de polderdijk.

Als ze de dijk opklimmen zien ze op de kruin in het half duister een brede strook grond; de polder in staat van geboorte. Ze hebben hun bestemming bereikt. Kamp Ramspol.

De Ramsgeul en het Ramsdiep vormen gedurende de eerste jaren van de drooglegging van de NOP tijdrovende hindernissen en niet zonder gevaar. De pontons worden aanvankelijk het meest ingezet bij de Ramsgeul, terwijl de veerpont in bedrijf is op het Ramsdiep. In de na-oorlogse tijd moesten nog veel in Nederland opgeblazen bruggen vervangen worden Er is een grote behoefte aan veerponten. De Directie zocht naarstig naar een oplossing voor langere termijn. Die bestaat uit het leggen van een pontonbrug van naar schatting 25 oude legerpontons bijeengehouden door de nodige hout- en touwverbindingen. Vanaf de wal bezien een mooi strak bouwsel. Als de strenge winter van '43 afloopt, vormen zich ijsschotsen in het IJsselmeer. Op 1 februari blaast de stormwind in de richting van de Ramsgeul, terwijl aan de andere kant de brug in de tang wordt genomen door het ijs. Ze werd letterlijk gekraakt tot zinkens toe. Dan begint weer het oude liedje: knerpend en piepend gaat de oude ponton weer langs de kabel. Zo wordt het voorjaar 1943 en dan is alles wat van de gezonken brug is teruggevonden, samengevoegd tot een nieuwe brug, echter niet zo strak. Op 26 mei wordt de brug opengesteld voor het verkeer en de ponton krijgt zijn verdiende rust. Echter niet zo lang.

Op een donkere morgen tijdens een zware zuidwesterstorm komen de kampjongens bij de brug. De brug danst op de golven. De lucht is vol geluiden van vogels en klotsend water. Op de brug lopen zwarte gedaanten met emmers van boot naar boot. Aarzelend beginen ze aan de afdaling naar de brug. Daar aangekomen begrijpen ze wat er aan de hand is. De niet afgedekte pontons lopen vol water, planken worden afgerukt en spoelen weg. Snel steken de jongens over naar de overkant. Ook de mannen die met de emmers in de weer waren, laten de boel in de steek en vluchten naar de vaste wal; het wordt rennen voor je leven. Het gebulder en gekraak is oorverdovend. De brug lijkt op een steigerend paard. Brugdelen steken onheilspellend omhoog. Sommige pontons schijnen te rijden op de golven met hun achtersteven diep in het schuimende water. Het ziedende water maakt zich meester van de eens zo trotse brug, totdat de golven zich boven haar sluiten. Kort na de ondergang van de tweede pontonbrug knapt het weer op en het zicht wordt helder.

Polderpioniers groeven zich door prut en pessimisme

Ir. Smeding haalde zijn leerlingen van zijn landbouwwinterschool in Schagen naar de Wieringermeer om daar zijn kader te worden bij de ontginning van de Wieringermeer.

Het nieuwe arbeidsterrein de NOP lag daar: een onafzienbare en onbegaanbare baggervlakte. Veel van zijn kader is achtergebleven in de Wieringermeer.Hij benaderde landbouwwinterscholen in Nederland om jongens warm te krijgen om in de polder te komen werken, met de kans dat bij gebleken geschiktheid, ze een boerderij zouden kunnen pachten. Ir. Smeding had mensen nodig als landbouwkundig opzichter, ploegbaas en mensen om de machines te kunnen bemannen. En ze kwamen. Door de oorlogsjaren lag de ontwikkeling van het maatschappelijke leven in Nederland stil. Na de oorlog was de vraag voor de boerenjongens (vaak grote gezinnen) "Wat nu?" Eén kon er maar op het ouderlijk bedrijf komen. Voor de anderen was geen plaats. Het lijkt in de tegenwoordige tijd vreemd. Maar in die tijd was studeren om buiten de landbouw een bestaan op te bouwen niet gewoon. Veel zijn gaan emigreren, maar ook velen hoopten door in de polder te komen werken een eigen bedrijf te verwerven. Iedereen die in de polder kwam, begon aan de schop, bij de Heidemij. Het graven van sloten en greppels. In het verhaal over Ramspol is er sprake van stormen. De bruggen liepen grote schade op, maar ook de greppels en sloten in het zanderig gebied bij Ramspol stoven vol. Weer moesten ze met de schop hersteld worden. Het waren niet alleen boerenjongens die dat werk deden. De Duitsers dwongen veel Nederlanders te gaan werken in Duitsland. Dit probeerde men te ontlopen door te gaan werken in de polder. De onderduikers zochten daar een goed heenkomen. Het was geen onderduikersparadijs. Het was geen werk voor mensen die dat werk niet gewend zijn. Dan waren er ook nog de turfstekers uit Drenthe en Groningen. De turf was verleden tijd en de landbouw bood te weinig werk. Ook de boeren van te kleine boerderijen op de Veluwe zochten een bijverdienste.

Bij het senioren pastoraat onmoette ik Gerrit Schootuiterkamp. Ik vroeg hem naar zijn ervaring tijdens zijn werk in de ontginning van de NOP. Hij begon enthousiast te vertellen over de begintijd na het droogvallen. Hij kwam met een rolletje foto's aan en zei: "Zie maar wat je er mee doet." Ik heb ze gekopieerd en de oorspronkelijke foto's weer teruggebracht. Het is zo bijzonder.

Ondanks de oorlogsjaren tussen '41 en' 44 was de ontginning toch doorgegaan. Zo was er een enorm gebrek aan brandstof, dit om de trekkers draaiende te houden. Rupstrekkers werden uitgerust met gasgeneratoren, deze werden gestookt met kolen en hout tot aan die razzia.

Paarden werden gevorderd door de Duitsers, daarna deden ossen het werk. Haast onvoorstelbaar. Die beesten hadden vaak een eigen idee en plan van werken.

Het onderduikersparadijs.

Bij de Dienst werd een maandblad uitgegeven. In de eerste jaren heette het 'Onder Ons'. Al gauw werd het, 'Cultuurrijp'. Weer later 'Cultuurwijzer'. Dit blad werd aan het personeel gezonden. Daar stond veel informatie in over het reilen en zeilen bij de Dienst. De stand van de werkzaamheden, personeelsbeleid, jubilea, belangrijke informatie. Kortom zeer informatief. Daar was veel belangstelling voor.

In Cultuurrijp van mei 1983 stond een relaas uit de onderduikerstijd. Dit was van vóór mijn tijd. In 1941 viel de polder droog, dus in de oorlog; in de tijd dat veel mensen te werk werden gesteld in Duitsland en veel mensen een onderkomen zochten in de polder. De Duitsers zagen de polder als een zeer wenselijke bron in de voedselvoorziening. De NOP had de naam van 'Nederlands Onderduikers Paradijs'. Een paradijs was het niet. Zeker niet voor de mensen die het zware werk niet gewend waren.

Nu het relaas in Cultuurrijp.

Illustrator Rotgans tekende de polder in bezettingstijd.

"Een doodse stilte, maar de wereld stond in brand."

Hij kon zich nog goed herinneren, die doodse stilte, met alleen maar die merkwaardige geluiden van die waterbeesten. Ver van de bewoonde wereld en helemaal alleen, tekende hij vanaf de dijk tussen Ramspol en Urk het moeras waaruit de polder ten westen van de lijn Lemmer-Emmeloord-Ramspol

nog grotendeels bestond. hij waande zich ergens in de Nijldelta
en het zou hem niet verbaasd hebben als hij zo een nijlpaard uit
het water had zien komen. Er heerste daar een volkomen rust,
terwijl de wereld in brand stond.

De woorden regenen Henk Rotgans uit de mond. Alsof het
gisteren is gebeurd. Twee jaar onderduiken in de Noordoostpolder
en al wegkruipend voor de bezetter, de polder en het werk van
de Directie met tekenpen vastleggend voor het nageslacht.
'De fotograaf van de Noordoostpolder', zoals deze illustrator weleens is genoemd, is nog springlevend. Niet ergens on-
vindbaar, maar helemaal in het leven en in zijn werk. Vele
polderbewoners zullen zijn precies getekende prenten van de
NOP in bezettingstijd kennen. In 1983 exposeerde hij ruim
honderd tekeningen drie maanden in het informatiecentrum
Nieuw Land. De hele collectie is door de Rijksdienst voor de
IJsselmeerpolders aangekocht.

In zijn bijna tegen de duinen aangeplakte woning in Callandsoog
laat hij zich kennen als een waterval. Uitgebreid gaat hij in op alle
zijpaden en dan: "Waar hadden we het eigenlijk over?" "Overstappie
in het Panorama," zo helpt zijn charmante vrouw hem dan weer
naar het onderwerp toe. 'Overstappie', dat kwam ter sprake
omdat een Cultuurrijp–redacteur verbaasd tot de ontdekking
kwam dat hij nu tegenover de illustrator zat van de hoofdfiguur
uit het mobilisatieverhaal van het Panorama, kort voor het uit-
breken van de oorlog. De tekenaar van zoveel jeugdsentiment
zat nu in levende lijve voor hem. Met 'Overstappie' zijn we aan
het begin van het verhaal.

'Safe'

Rotgans die in militaire dienst was geweest, moest zich bij de
Duitsers melden als krijgsgevangene. Dat is niets voor mij, dacht
hij. Nu had hij een HBS-vriend in Kampen, die als dierenarts hoofd
was van de veterinaire dienst (van de NOP) en die liet hem weten

dat de polder safe was. In Kampen meldde hij zich als arbeider
bij de Directie van de Wieringermeer (Noordoostpolderwerken).
Het eerste werk in zijn baantje als 'would-be-arbeider' was het
rogge schonen. Het betekende dat hij uren achter elkaar met
zware zakken moest sjouwen. Hij is Amsterdammer en hij kan-
kerde zich natuurlijk rot. 's Avonds viel hij op bed als een lijk en
dacht: ik had mij beter als krijgsgevangene kunnen melden. Het
is te danken aan wijlen Ir. van Eck dat de naoorlogse generatie
zich door middel van de tekeningen van Rotgans een beeld heeft
kunnen vormen van de NOP in die dagen.

"Ik doe het niet meer," had hij gezegd over het zakken sjouwen. Nu had Van Eck voorplaten van hem gezien. Hij wist nu
wel een baantje voor hem. Hij moest de kantines van de kampen
met wandschilderingen wat opvrolijken. "Maar," zei hij, "stap
eerst eens op je fiets en ga die polder eens bekijken." Nu, in die
tijd is een groot deel van die tekeningen ontstaan.

Razzia

Na twee jaar kijken, tekenen en schilderen, kwam die gedenkwaardige 17de november van 1944; de dag van de grote razzia.
Rotgans werd met nog 1600 arbeiders opgepakt en te voet naar
Meppel afgevoerd. In een leeg schoolgebouw moesten ze dagenlang wachten op een trein die hen naar Duitsland zou brengen.
Hij had echter geluk. Na lang aandringen werd hij door een
Nederlandse arts op de ziekenlijst geplaatst en hoefde hij niet
naar Duitsland. Tijdens de razzia hadden de Duitsers al zijn tekeningen overhoop gehaald. Deze lag op de grond. Hier zie je de
afdruk van het beslag van een Duitse laars. Hij liet het zien aan
de illustrator.Na afloop van het gesprek zei hij: "Het waren op
de kop af maar twee jaren die ik in de polder heb doorgebracht,
maar ze hebben een enorme indruk op mijn leven gemaakt."

Over de oorlogsperiode zijn boeken geschreven, onder meer
Nederlands Onderduikers Paradijs van J. van der Stolk.

Duizenden militairen, onder wie Duitse en Hollandse SS,
Wehrwacht, Grüne Polizei en SD grendelden onder Rauter de
polder hermetisch af en kamden de polder volledig uit op die 17^{de}
november. Tussen Vollenhove en Emmeloord werkte de telefoon
in het begin nog wel. En in Emmeloord zat onder vele anderen ook
Henk Rotgans, de ondergedoken illustrator van Panorama. 'Pluk
de dag' was de stemming de laatste dagen, men wist niet wat de
volgende dag brengen zou. Sommigen hadden al eerder 'n razzia
meegemaakt (in het Westen, Rotterdam, Den Haag, Amsterdam).
En de Duitsers kregen klappen in Europa, het zal wel meevallen.

In die stemming was Rotgans op weg naar zijn tekenkamer.
Er kwamen berichten door dat de Duitsers Emmeloord naderden.
Velen begonnen te vluchten met een pontje over de Espelervaart,
de rimboe in. Uiteindelijk vluchtte ook Rotgans het riet in. Maar
hoe hou je het uit tijdens de koude novembernachten en hoe
kom je aan eten? Ze zochten door de rimboe de kantine van
Espelerbocht op; daar zaten ze in elk geval warm. Daar vonden
de Duitsers hen. De mannen werden verzameld in de kampen,
ook in Vollenhove in een oude school. Het eten was een groot
probleem; er werd in die situatie niets aangevoerd. Zo zaten ze
enkele dagen opgesloten. Er ontsnapten nogal wat mannen via
sluikwegen. De Duitsers zaten te wachten op treinen die de mannen moesten vervoeren naar Duitsland. Rotgans nu, liggende
in één van de Meppeler scholen wendde zich voor zwaar ziek te
zijn. Hij wist een Nederlandse dokter zover te krijgen hem een
ziekteverklaring te geven; zo ontsnapte hij aan tewerkstelling
in de oorlogsindustrie in Duitsland. De ontginning lag na die
datum geheel stil tot na de bevrijding.

Hoe gevaarlijk het ook was in Duitsland door de bombar-
dementen van de geallieerde vliegtuigen; verreweg de meeste
mannen zijn weer goed teruggekomen. De bitterste ervaring
was er naast alle gezelligheid toch in kamp Oostervaart en wel
de razzia op 17 november 1944. Net een 'zwerm bijen'. Zo wordt
het plotseling verschijnen van Duitsers en hun Nederlandse tra-
wanten plastisch omschreven. Een aantal onderduikers vluchtte
het riet in, waar de Duitsers dwars doorheenschoten. De meeste

kampbewoners werden echter opgepakt en gevangen gezet in kamp Luttelgeest. De drie overgebleven vrouwen zijn 's avonds op fietsen met houten banden naar kamp Luttelgeest gegaan om de mannen te bezoeken. De Duitsers hadden inmiddels in Oostvaart veel proviand en voorraden weggehaald en vernield. Het transport van gevangen kampbewoners met aan weerszijde bewakers, passeerde op zondag kamp Oostvaart, op weg naar Meppel. Dat was zo'n triest gezicht, dat zal ik nooit vergeten.

Een niet stuk te krijgen eenheid

De Noordoostpolder 40 jaar. De arbeidskampen zijn een niet weg te denken element uit zijn ontginning geweest. Oud-kampbeheerder M.Venhuizen vertelt er over:

"Het was oorlog en op een gegeven moment werd bekend dat de geallieerden in Normandië waren geland. Op het platte dak van een barak in kamp Enservaart verzamelde zich een heel orkest dat liedjes begon te spelen. De één had een saxofoon, de ander een viool en weer een ander slechts een paar potdeksels. Alle andere bewoners verzamelden zich op het grasveld tussen de barakken in.

In de woestigheid van de nog onontgonnen polder waren de kampen de enige behuizing voor de paar duizend arbeiders die uit alle delen van het land in de Noordoostpolder de ontginning ter hand namen. In zo'n kamp waar twee- tot driehonderd mensen bivakkeerden sliepen acht tot tien man op een kamer. Velen van hen gingen slechts eenmaal in de vier weken een dag naar huis.

"Een eenheid die niet stuk te krijgen was," zo karakteriseert de heer Venhuizen, die tientallen jaren kampbeheerder is geweest, het kamp en zijn bewoners. Vooral de kampen tijdens de bezettingstijd vormden een wereldje apart. Niet alleen reguliere arbeiders, maar ook vele onderduikers maakten deel uit van de kampbevolking. Horlogemakers, schoenmakers, tandartsen en studenten leefden broerdelijk bijeen en werkten gezamenlijk in de ontginning. Of ze allemaal even hard werkten? De heer Venhuizen die in de laatste oorlogsfase kamp Oostvaart bij Luttelgeest beheerde: "Ja, er waren er die blaren in hun handen hadden, maar sommigen deden het ook wel wat kalmer aan. Verder was het zo dat als je ziek was, je je moest melden op het kantoor. Wanneer de kamparts, dokter Temmink, spreekuur hield, dan blies ik op een fluitje. Meestal meldden er zich dan maar een stuk of tien. De anderen hielden zich verborgen in een greppel, die waren niet ziek."

Vaderfiguur Venhuizen:

"Waar je op had te letten: je moest natuurlijk geen Noordhollander op een kamer met zeven Friezen leggen. En dan moest je ervoor zorgen dat de mensen het zo goed mogelijk naar hun zin kregen. Daar kon je zelf heel wat aan doen. Er mocht vooral geen sfeer zijn van onderdrukking. Veel onderduikers kwamen zo uit de bezetting en die moesten eerst helemaal ontdooien."

De kampbeheerder werd overigens bijgestaan door een complete staf, bestaande uit een kok, een hulpkok, een kantoorklerk, een kampkapper en een fietsenmaker/nachtwaker. In de oorlog en vlak daarna werd er nog gegeten op de kamers en de kampbewoners moesten zelf afwassen. Het eten was trouwens wel goed. Voor wat dit kamp Oostvaart betrof, werd dit aangevoerd met vrachtwagens uit het magazijn in Vollenhove.

De verwarming van de kamers liet in de oorlogsjaren wel eens wat te wensen over. Op een gegeven moment kwamen er vetkolen, die de kachels brandende moesten houden.

Een belangrijke plaats in de kampgemeenschap werd ingenomen door de kantine. Na het zware werk van overdag kwamen velen daar bijeen om te kaarten en te biljarten. Verder was er om de veertien dagen wel een film of een cabaretvoorstelling. Hoogtepunten waren toch wel de sinterklaasavonden, voor en door de kampbewoners. 's Zondags was er een kerkdienst en verder leende de zondag zich ook goed voor een klein tochtje op de fiets. Degenen die 's zaterdags naar huis gingen werden met vrachtauto's naar de treinstations op het 'oude land' gebracht.

De heer Venhuizen is via allerlei omwegen in het kampbeheersleven gekomen. Hij opereerde eerst als hulpkok die, indien nodig, hier en daar als waarnemend kampbeheerder optrad. In die hoedanigheid heeft hij heel wat rondgezworven. Na kamp Oostvaart, waar Venhuizen het laatste oorlogsjaar nog de scepter zwaaide, beheerde hij vanaf 1947 tot 1953 kamp Schoterbrug. Vervolgens zat hij van 1953 tot 1960 in kamp Nagele en van 1960 tot 1980 in Biddinghuizen. Alle kampen heeft hij als gezellig ervaren, hoewel de weekenden in kamp Biddinghuizen erg stil waren, omdat in die tijd de meesten al naar huis gingen.

De kampen hebben het leven van de familie Venhuizen bepaald. Het bracht ze een enorm stuk mensenkennis bij en daarbij, zoals het echtpaar opmerkt: "moest je geven en nemen, anders kon je er niet zijn."

Veel kampen zijn afgebroken nadat de ontginningsperiode was afgelopen. Enkele functioneerden nog als gelegenheid in het beginstadium van de opbouw van de gemeenschap. Dit was ook zo met kamp Espelerbocht dicht bij Emmeloord.

Kampbeheerder K. Sanders vertelde hierover. De barakken in het kamp werden steeds leger en leger. Het was in de jaren vijftig. De mensen trokken naar stenen huizen in Oud–Emmeloord. De ruimten in Espelerbocht werden benut door de scholen. Op een gegeven moment hadden de volgende scholen er hun intrek genomen: Katholieke Landbouwschool, MLS, LTS, Huishoudschool, LLS, Lyceum en de BLO. Sanders werd kantinebaas voor honderden scholieren. Zo langzamerhand werd hij eind jaren vijftig overgeheveld naar wat nu de Middelbare Landbouwschool is.

De Noordoostpolder had 26 werkkampen. Voor elk kamp was een beheerder nodig. Er is een foto van. Een bijzonderheid.

Groenewold, Postma, Pander en Van het Riet. Venhuizen, G.Lokker, E.Drok, Van Dam, K.Sanders, B.Herder, C.Welbedacht,

H.Lokker, J.Bos, J.Telder, J.Pap, J.de Jong, F.Lokken, G.Beutler en H.Alders.

Van Dalen, Bergman, Spruit, Appels, Dokter F. ter Haar, G.Patijn, C.IJzerman en Blankendaal.

Cultuur voor cultuurarbeiders – Aalt Selles.

De pioniers die in het midden van de vorige eeuw ploegden, zaaiden en de oogst verzorgden, werkten in de cultuur. Zij dachten bij het woord 'cultuur' niet aan beschaving, verfijning van het geestelijk en zedelijk leven. Voor hen was 'de cultuur' de Dienst die de nieuwe polder klaarmaakte om een bewoonbaar en bewoond deel van Nederland te worden. Gereed om er nuttige gewassen te verbouwen. De mannen die met hun 'zweetlepel' de greppels en sloten in de Noordoostpolder op diepte brachten en de drainage aanbrachten werkten in de ontginning. Aanvankelijk in dienst bij de Heidemij, later nam de directie ook dat werk over. Je had toen ontginning en exploitatie of cultuur.

Dat betekent niet dat de Dienst die met de taak van het 'in cultuur brengen' was belast, geen oog en oor had voor de culturele belangen van deze ploeteraars. Daaraan hadden dezen een grote behoefte. Ze waren ondergebracht in houten barakken, soms kilometers ver in de rimboe. Een barak bestond uit 10 kamers, ieder verdeeld in een woon- en slaapgedeelte met 8 kribben. Daarin lagen een harde strozak, een strokussen en twee paardendekens. In het woongedeelte stonden twee houten tafels, tien rechte houten stoelen en tien kastjes. Het geheel zag er primitief uit en men zat op elkaars lippen. Volop gelegenheid dus voor verveling en iritaties. In het kamp stonden verder een keukenbarak, een kantine, fietsenloodsen, wasbarakken, toiletten enzovoorts.

De mannen maakten weken van vijftig uur. Van maandag tot en met vrijdag werd er dagelijks negen uur gewerkt, op zaterdag nog eens vijf uur. Wie kon, mocht dan na werktijd naar huis tot zondagavond. Arbeiders die te ver weg woonden hadden om

de twee weken verlof van zaterdagmiddag tot maandagavond.
Uiteraard zonder doorbetaling.

Het verblijf in de arbeidskampen was verre van plezierig. 's
Avonds zaten de mannen in de ongezellige kamer te kletsen of ze
gingen een kop surrogaatkoffie of een flesje frisdrank (bubbel-
tjeswater met een kleurtje en een smaakje) drinken in de kantine.
De mannen misten hun normale maatschappelijke- en gezinsleven.

Om de arbeiders na hun werk aangenaam bezig te houden
werd al in 1937 de Culturele Commissie ingesteld. Deze organiseerde in de kantines allerlei activiteiten. Er werd toen nog
slechts, vooral vanaf het water, gewerkt aan de meerdijken.
Daarom schafte de Culturele Commissie een ontspanningsark
aan die de objecten afreisde. In 1940 vorderden de Duitsers de
boot echter, waarna de Commissie avonden organiseerde in de
rijkskantines te Urk en Lemmer. Toen in 1942 de Noordoostpolder
was drooggevallen, werden de daar staande kantines centra van
de activiteiten. Er werden biljarts en pingpongtafels geplaatst
en er lag sjoel-, schaak- en dammateriaal, boeken enzovoorts.

De commissie organiseerde allerlei activiteiten, variërend van
cabaret en toneelvoorstellingen tot filmvoorstellingen, lezingen
en voordrachten. Het meest genoten de kampbewoners van
amusement. De mensen wilden lachen en hun zorgen vergeten.

Gezelschappen.

Er werden gerenommeerde gezelschappen voor gecontracteerd,
waarvan veel aanbod was, want het uitgaansleven stond in de
oorlogstijd op een laag pitje. Bovendien genoten de artiesten vrije
kost en vrij logies. Levensmiddelenbonnen hoefden zij niet in te
leveren. Het eten was voor de bezettingstijd gerekend vrij goed.
Om te voorkomen dat veel anderen als 'helpers' meekwamen
verbood de Directie het meenemen van vrienden en familieleden.
De contracten omvatten vaak een of meerdere weken. De artiesten hadden dan een onderkomen in de kampen Marknesse 2 of

Emmeloord 2. Dat waren vrij comfortabele kampen. De artiesten hadden een gezamelijke zitkamer met meerdere slaapkamers.

In de oorlog werden de gezelschappen door de Directie van en naar het station Kampen gehaald en gebracht. In de polder trokken ze van kamp naar kamp met paard en wagen. Op de landbouwwagen stond een soort tuinhuisje. Later werd een voormalige legertruck gebruikt of ze hadden eigen vervoer.

De Culturele Commissie betaalde ieder gezelschap, ongeacht de grootte, gemiddeld 150 gulden per week. In de weekenden waren er geen optredens.Veel arbeiders waren dan naar huis.

Kampbewoners betaalden een kwartje entree, niet-kampbewoners het dubbele. Op zichzelf waren dit geen hoge bedragen, maar de lonen waren ook laag. In de oorlog verdienden de arbeiders slechts 42 cent per uur. Dus bij een 50 uur durende werkweek was dat 21 gulden per week. Later werden de lonen verhoogd.

Amusement: In de loop van de jaren veranderde de programmering. Het werd steeds lichter. Het aantal kampen nam toe, dus ook de mogelijkheid om duurdere, gerenommeerde gezelschappen aan te trekken.

Werden in 1941 acht lezingen gehouden; in 1944 maar één. Het aantal filmavonden daalde over die jaren van twaalf naar één. (Wiener blut).

Veel bijval oogste het cabatergezelschap van Jan Lemaire (voordrachtskunstenaar/toneelspeler) met Louis Holst als conferentier en vooral de jonge hupse cabaretiére Hetty Blok, evenals Het Brabants Gezelschap van Jan van Ostade met de revue 'Volle maan in Polderland'. Het gezelschap 'De Gheselen van den Spele', meest leden van de familie Koopmans uit Kampen, bracht kleintoneel. Een Indisch gezelschap zong krontjongliedjes. De zanger-gitarist Eddy Christiani trad op en het gezelschap Hoetink gaf een muziekavond in augustus 1944.

Daarna kwamen er donkere wolken overdrijven over het culturele leven. Als laatste gaf het gezelschap Pierre la Costa in september 1944 nog veertien voorstellingen.

Daarna joegen razzia's de mensen de polder uit. Het in cultuur brengen nam een einde, evenals het Culturele leven.

Ontwikkeling van de ontginning na de oorlog

Na de oorlog is de ontginning vlot op gang gekomen. Omdat de uitgifte wegens gebrek aan bouwmateriaal stagneerde, werd de oppervlakte om te beheren erg groot. De Directie zocht de oplossing in het verhuren van kavels aan vlassers uit Vlaanderen; dit land werd zaaiklaar gemaakt en ingezaaid door een loonbedrijf. Ook luzerne werd ingezaaid door eigen personeel en voor drie jaar verhuurd aan de twee drogerijen in de polder. Vooral de luzerne is een goed ontginningsgewas. De penwortels zorgen voor beluchting van de grond. Na elke oogst (drie keer per jaar) was er gelegenheid om te draineren.

En dan was er nog inscharing van jongvee in de zomermaanden. Het gras werd gezaaid door directiepersoneel. Het werd omheind in percelen. De landbouwkundig opzichter zorgde dat er voldoende gras was en goed drinkwater.

Toen de uitgifte goed op gang kwam, werd het te bewerken oppervlak snel kleiner. Door de stormramp van 1953 in zuid-west Nederland moest al het materiaal dat aan de dijken van Oost Flevoland bezig was naar Zeeland getransporteerd worden. De dijkbouw in het IJsselmeergebied lag een jaar stil. De planning kwam niet goed uit. Aan de ene kant een snelle inkrimping van het gebied door uitgiften van grond aan de pachters, aan de andere kant kwam Oost Flevoland een jaar later klaar om te ontginnen.

De Directie zocht het in intensiveren van de gewassen: aardappelen en bieten. Daar werd ook behoorlijk in geïnvesteerd. Maar de laatste paar jaar in de Noordoostpolder was dat niet genoeg. Het werd gewoon werkverschaffing. Greppels graven met de schop in bosgebieden, oude zanddepots egaliseren met de schop, bermen afgraven met de schop, terwijl de dragline stilgezet werd.

Daar kwam bij dat er een bestedingsbeperking werd afgekondigd door de regering. Er mocht geen nieuw personeel aangenomen worden. Met het oog op de werkzaamheden in Oostelijk Flevoland had de Directie al wat personeel aangetrokken. Deze moesten met tijdelijk ontslag. Bij elkaar waren het een paar moeilijke jaren.

Toen Oostelijk Flevoland droogviel, had de Directie haast. Zo hadden de aannemers in het begin niet de gelegenheid de pas drooggevallen grond van wegen te voorzien vóór de ontginningswerken begonnen. Met eigen personeel werden kilometers zandbanen haaks op de dijk aangelegd om sneller met de ontginning te beginnen.

Mijn jaren in de ontginning vanaf 1951

Er is een foto uit het begin van de ontginning van de NOP. Een man met lieslaarzen. Dit doet mij denken aan een stilleven bij ons thuis vóór in de wagenschuur. Twee lieslaarzen. Klompen met daaraan leren schachten, in de jaren '20 van de vorige eeuw gebruikt bij het baggeren van de sloten of bij het werken in koemest

De man in mijn gedachten is stoer en onverzettelijk. Zeer velen die gewerkt hebben aan de ontginning van de IJsselmeerpolders hadden deze instelling niet. Onzekerheid was troef bij die boerenjongens die hoopten door te helpen bij de ontginning een boerderij te kunnen krijgen. Dan had je nog de werkers uit de veenstreken van Drenthe en Groningen; het turfsteken was verleden tijd en de landbouw bood niet voldoende werk. En de kleine boeren van de Veluwe, het bedrijf te klein om van te leven. Ja, de man hierboven heeft vele gezichten, ieder met een eigen verhaal. Hier komt mijn verhaal:

Geboren in 1927, tijdens de crisisjaren, in Bodegraven aan de Oude Rijn. Het eerste jaar van de oorlog kwam ik van de lagere school af. Studeren was er niet bij. De normale maatschappelijke ontwikkeling lag vijf jaar stil. Na de oorlog stond veel van de boerenjeugd voor het probleem 'wat nu'?

De politionele acties in Indië dwongen honderdduizend jongens in dienst; vijfduizend zijn er gesneuveld. Tijdens vredesbesprekingen werd ik met velen van mijn lichting buitengewoon dienstplichtig. Een bijzonder geval. Ik ging eerst twee winters naar de landbouwwinterschool. Dat ging goed. Nu kom ik van een veebedrijf met kaasmakerij. Ik dacht aan de Hogere Zuivelschool in Den Bosch. Daar was echter Mulo B voor vereist plus een jaar praktijk op een zuivelfabriek. Schriftelijk Mulo A had ik vrij vlot. Maar toen had ik de pijp leeg. Ik wilde emigreren, zoals zo velen emigreerden naar Canada, Brazilië, Nieuw Zeeland. Maar dat was een afscheid voor het leven; daar had ik problemen mee thuis. Toch wilde ik thuis weg; er was geen plaats voor mij op de boerderij. Ik zag een advertentie in de krant voor tewerkstelling in de Noordoostpolder en reageerde erop.

Het werd veertien jaar werken in de ontginning van de NOP en Oostelijk Flevoland. Negen jaar in het kamp en vijf jaar met Gre op een ontginningsboerderij in Oostelijk Flevoland.

Een boeiende tijd.

Ik zag het niet zitten met schop, laarzen en fiets naar dat onbekende gebied te trekken. Ik dacht 'ik zie wel' en zo ging ik een duistere toekomst tegemoet.

Na met zes personen gekeurd te zijn in kamp Espelerbocht kwamen we met een vrachtauto in kamp Nagele aan.

Het was augustus 1951 toen ik de Zuidwesterringweg opreed (tussen kamp Nagele en kamp Tollebeek), richting de ontginningsschuur van landbouwkundig opzichter J. van de Riet op J 44.

De ontginning was hier in 1949 begonnen. Het hele bedrijf van 500 ha lag in 1951 in greppels

Kampklerk Grobee verschafte ons de nodige papieren en deelde ons twee aan twee in op kamers. Een jongen keek mij aan en zei: ”Zullen wij maar samen.” Dit werd het tijdperk Van Zuylen – de Wit. Het werd voor ons kamer 22

Eerst moesten we een fiets regelen. Van Treek, de fietsenreparateur, had er wel een paar te huur, dus vooreerst konden we er ons mee redden. Laarzen en schop kochten we in de kantine. We waren er klaar voor. Met die zes man van de keuring zouden we de volgende dag naar landbouwkundig opzichter J. van der Riet aan de Zuidwesterringweg op J 44 gaan.

Foto's bij het kamp genomen in 1951. Giel van Zuylen (links) afkomstig van Wijchen bij Nijmegen. Ik, Anton de Wit (rechts), afkomstig van Bodegraven. Beiden op avontuur in de polder. Samen op dezelfde kamer, samen naar hetzelfde ontginningsbedrijf. Veel samen gewerkt. Om de 14 dagen een weekend in het doodstille kamp. Die paar uurtjes dat de kantine dan open was; biljarten, tafeltennis, voetbalspel. We gaven elkaar geen duimbreed toe. Na 1960 met onze vrouwen op verjaardagen en regelmatig fietsen in de zomer. Giel was meer dan een broer voor mij. Zonder hem had ik het in het kamp niet uit kunnen houden en zeker niet in die stille weekenden.

Kamp Nagele.

1951. Het kamp is gebouwd in 1949, toen begon ook de ontginning in dit gedeelte van de polder. Op de voorgrond de gezinsbarakken.

Op de weg een vrachtauto (camion) met vlas op weg naar Vlaanderen.

Op de achtergrond links ingeschaard jongvee; rechts pakken stro, na het combinen en persen.

Met zicht op de bar in de kantine, zie je daarboven de spreuk, eens vis, thans graan'.

Aan het andere eind van de zaal het toneel, hiervoor was 's zondags de eucharistieviering door kapelaan Metternich; hij verzorgde in de jaren '50 van de vorige eeuw de eucharistievieringen in de kampen.

Met wat bewoners van de gezinsbarakken, een paar landbouwkundig opzichters van de ontginningsbedrijven en een paar kampjongens; een knusse bedoening. Na deze plechtigheid aan de tap voor wat koffie en 'n pilsje. Bij elkaar indrukwekkend. Toen de eerste pachters rond Nagele kwamen te wonen, rond

1956, werd er gekerkt in de oude smederij van de ontginningsmaatschappij. Deze had het houten gebouw niet meer nodig.

Wat me nog steeds verbaast, is dat na het werk en het warme eten een horde, vaak ruige jongens zich naar een lege kamer
begaven om daar de rozenkrans te bidden. Op de knieën voor
de stoel. Een van de jongens bad voor. Er was geen behoefte
aan een priester om het een of ander uit te leggen. Nee, enkel
die oeroude gewoonte van het bidden van de rozenkrans bij de
dagsluiting. Verbazingwekkend.

Een beeld van onze behuizing

Een hoek van de huiskamer. Achter de wand met de stoffer en blik
de slaapkamer met 8 kribben. Als dekens hadden we een soort
paardendekens. Bed opmaken hoefde niet, in de avond kropen
we er onder en in de morgen schoven we er weer onderuit. In de
huiskamer stonden acht houten stoelen en twee langwerpige tafels.

Aan een wand stond een set kasten, voor ieder één. Deze
kon op slot.

Na het werk kon ieder zich wassen in de wasbarak. Ging de
bel bij de keuken dan werd het warme eten opgehaald door twee
personen per kamer.

Na het eten werd warm water in de keuken gehaald om het materiaal schoon te maken en schoon weer af te leveren in de keuken.

Bij het afleveren werd de koffiekan meegenomen en gevuld
in de keuken zodat we koffie hadden op de kamer.

Eten klaarmaken voor een 300 man, daar komt wat bij kijken.
In zo'n kamp gaan wel 200 à 300 kg aardappelen erdoor per dag.
Het eten was goed, behalve op zaterdag als veel van de arbeiders naar huis gingen. Een beetje pap. De zondag dat we in het
kamp bleven was het prima, dan liet de kok zien waartoe hij in
staat was. Maar 's maandags was het snert en soep en braai. De
snert was voortreffelijk, maar ik lustte ze niet. Een paar gevulde
koeken hielden mij op de been.

De kapper in het kamp. Overdag was hij corveeër in dienst van het kampbeheer. 's Avonds knipte hij.

Een koffiekan lieten kampjongens uit kamp Biddinghuizen in Oost Flevoland bij ons op het ontginningsbedrijf staan. Toen ik pachter werd op een eigen bedrijf heb ik deze kan 25 jaar als oliekan bij de trekkers gebruikt. Nu staat ze als pronkstuk in het museum in Lelystad. De kan werd gebruikt na het eten 's avonds voor koffie uit de keuken en bij het ontbijt voor de thee, maar ook om thee te halen uit de keuken voor drinken overdag.

Voor onze kamer: Zes van de acht personen van kamer 22. Harm Poker (de olde wekker), Willem Woning, Anton de Wit, Jan Kuiper, Giel van Zuylen en Ben te Stroete. Lammert Smalbil en Kleinebuulj. Drie werkten in de drainage (met de schop), een was magazijnknecht, de andere vier werkten op de ontginningsbedrijven in de exploitatie.

In de kantine van het kamp: biljarten, tafeltennis, voetbalspel. In de week kwam je er niet tussen, maar in het weekend om de veertien dagen was er voor Giel en mij volop gelegenheid. Er werd door ons fel gestreden om te winnen.

In de NOP gingen Giel, mijn maatje en ik om de 14 dagen naar huis. In Oost Flevoland werd dat elke week. De papieren kregen we op het kampkantoor. Hiernaast voor het vervoer van aparte bussen naar Zwolle en het biljet links voor het verdere vervoer met de trein.

Ontginningsbedrijf J 44 lag op de kaart van de NOP tussen de lijnen. Het zwarte punt bij Nagele is kamp Nagele. De polder is bij de ontginning ingedeeld in secties van A tot zo nodig Z. Elke kavel heeft een nummer. Dus J 44 ligt in de sectie J en 44 is het kavelnummer waar de woning van de landbouwkundige opzichter op staat. Het is tevens het bedrijfsnummer. Elke kavel heeft weer een houten bordje voor aan de weg staan met sectie- en kavelnummer.

Twee schuren van bedrijf J 44. Met voor aan de weg het kantoor.

In het begin van de ontginning (1949) was het kantoor in de houten ontginningsschuur.

De verharding van het erf bestond uit schelpen.

Voorin ruimte voor de wieltrekkers. In het midden was het kantoor voor de opzichter en de ploegbazen. Na het betrekken van het kantoor aan de weg werd het middengedeelte ons schaftlokaal met een kachel. Heel wat aangenamer in herfst en winter. In het achterste gedeelte was er ruimte voor acht paarden

Onze eerste gang: de kale Zuidwesterringweg op richting de bedrijfsschuren.

Drie km kaalte. Voor aan de weg stond een jonge kerel, het bleek later de opzichter Jan van der Riet te zijn.

Die stuurde ons naar het werk. Tarwe hokken. Giel en ik werkten samen. Ieder in elke hand een bos (schoof) en zo tegen elkaar. Totaal twaalf schoven voor een hok. Met zes man zo kavel (24 ha) na kavel na kavel. Week na week na week. Het lijkt nu of het altijd mooi weer was, maar 's morgens waren de schoven vaak nat van de dauw, daar werd je ook niet droger van, verder op de dag droogde je wel weer op. Maar je handen, dat was het ergste. Die werden erg pijnlijk van dat bindertouw en die ruwe tarwe. Eelt maar vooral blaren.

Toen alles op hok stond, moest het spul op de schelf. (Zo'n acht hokken op elkaar) Een heel gesjouw. Maar op de schelf was het al half binnen.

Op het bedrijf liepen ook een aantal combines. Deze combines dorsten het graan in zakken (75-80 kg). De zakken werden met zes tegelijk via een glijgoot op de grond gedeponeerd. De eerste zaterdagmiddag dat we in het kamp bleven, kregen we orders de graanzakken op wagens te laden. Een welkome afwisseling.

Na het hokken en op de schelf brengen, moesten we de tarwe laden op platte wagens met paardentractie. Twee man opsteken en een de schoven op de wagen optasten. Wij waren met twee wagens bezig. Zo konden wij de mannen aan de mijt van voldoende materiaal voorzien. De transporteur heeft nog in de Wieringermeer gefunctioneerd.

De mannen die de mijten bouwden, waren meest Oldebroekers.

Zij waren dat van huis uit meer gewend. Een man verzorgde de buitenlaag, naar binnen toe deden minder goede leggers.

Was de mijt klaar dan werd ze afgedekt met riet dat nog volop in de tochtkanten groeide.

Naast het combinen was er ook een dorskast die tijdens de oogst dorste vanaf het veld.

Toen ook dat klaar was dachten Giel en ik dat we wel de drainage in moesten, maar nee, we moesten sloten maaien, slootbodems opschonen met de schop en kantjes afspitten na het ploegen. Op 500 ha is zo nogal wat te doen. Daarna kwam een dorsmachine op het bedrijf en werden we daar aan het werk gezet.

De dorskast en pers werden aangedreven door een poelie op een rupstrekker. Dat jaar leefde het van de ratten. Waren we aan de onderste laag bezig dan kwamen die joekels van beesten tevoorschijn. Het dorsen was ook akkoordwerk, maar het jagen zit een mens in het bloed. De dorskast maar leeg draaien en wij maar jagen. In de zomer hadden we al veel werk gehad met de rattenbestrijding door het leggen van rattenbrokjes overal verpakt in tocht- en slootkanten. De bestrijding ging maar moeizaam.

Bij de pers zit een naaier (steekt de naald en draad tussen het gedorste stro), de tegennaaier steekt het draad weer terug.

50 kg wegen de pakken stro over een plank en 'n trap worden ze aan de klamp gebracht.

Een klamp stro van een kavel is klaar voor verkoop aan de strohandelaren.

Daarnaast had je ook nog een enorme muizenplaag. Ook daar hadden we veel werk aan. Het muizengeweer was het goede instrument. Vergiftigde tarwe mocht niet uitgestrooid worden, wegens schade aan de vogelstand. De kolf vol met het bestrijdingsmiddel en dan steeds een paar korrel tarwe in de muizengaatjes laten vallen. Het werkte prima. Het was wel veel werk maar de uurlonen waren niet zo hoog.

Magazijnknecht

De ploegbaas, Kobus Nijs, kwam bij me: ze zochten een magazijnknecht. Ze dachten aan mij. En ik zei ja. Dat deed wel veel veranderen voor mij. Voortaan moest ik een half uur eerder aan

de schuur zijn om de koe te melken en de paarden te voeren als
ze op stal stonden, ook het kleinvee moest verzorgd worden. Als
het personeel 's morgens aan de schuur kwam moest ik er bij zijn
om het nodige materiaal uit het magazijn te verschaffen. De drie
schuren schoonhouden, de groententuin bij houden. Kapot materiaal inleveren bij opzichter Prins die elke dag met de vrachtauto
langskwam. Ook de nodige brandstof voor de trekkers bestellen bij
hem. Tarwe dat gedorst was afleveren. In het voorjaar kunstmest
en zaaizaad ontvangen en opslaan. Kortom: het was een drukke
job. In de weekenden dat ik in het kamp lag, moest ook de koe
gemolken worden, de paarden en kleinvee gevoerd.

De Directie vond dat op elk ontginningsbedrijf een EHBO-
man aanwezig moest zijn.

Van de Riet had er geen zin in, noch de ploegbaas. Ze stuurden
mij er maar heen. Daar zat ik tussen jonge, zelfbewuste landbouwkundige opzichters en ploegbazen. Best wel indrukwekkend voor
iemand die pas in de polder is. Elk jaar was er een herhalingscur-
sus, daarbij toonden de EHBO'ers wat ze in hun mars hadden.

Jan van de Riet wilde ook boer worden. Hiervoor moest hij
voor zijn financiën naar West-Brabant. Hij had geen auto, dus
het was een hele reis, hij bleef een nacht over. Nu was zijn vrouw
Trees zwaar in verwachting en Jan durfde haar niet alleen te
laten. Hij vroeg mij een nachtje op zijn vrouw te passen. Het
werd een zware nacht voor mij, bang dat het stond te gebeuren.
Twee dagen later werd Trees moeder van een ferme jongen. Hij
moet nu 70 jaar oud zijn.

Dat jaar pachtte hij een bedrijf en dat moest gevierd worden.
Einde werktijd moest al het personeel aan de schuur komen en
daar stonden de flessen klaar. Drank voor niets smaakt veel
lekkerder dan als je er voor betalen moet. Het werd een gezellige
boel, maar op je nuchtere maag is het geen goed medicijn. Een
van de jongens, Leo van Laar, fietste wat rond voor de schuur,
terwijl de grote deur dicht was, ook het kleine deurtje. Hij riep:
"Jongens, doe dat deurtje open, dan fiets ik zo de schuur in."
Dat zagen wij wel zitten, dus onder grote belangstelling kwam
hij met een rotgang aanrijden zo tegen de onderste plank aan.

Leo vloog over het stuur de schuur in. Het liep goed af voor hem maar zijn fiets kon hij op de schroothoop gooien. Het was best een leuke boel, er was er slechts één die ladderzat was. Geert Heesterman, een klein mannetje, pakte die grote kerel vierkant op en legde hem over het stuur en bracht hem zo de 3 km over naar het kamp. Dit had hij blijkbaar meer gedaan.

In het voorjaar kocht Van der Riet pootaardappelen; grote maat, is wat goedkoper. Door ze doormidden te snijden, krijg je goedkoop pootgoed. Giel en ik waren weer eens 'n weekend in het kamp. Hij vroeg ons te komen helpen met snijden. Wij waren niet te beroerd. Dat werd dus een middag snijden: van onderuit midden door de kop (op elke helft moesten wel spruiten komen). Na elke behandeling het mes door een ontsmettingsmiddel. Enfin het was goed te doen. Op het eind van de middag vroeg hij ons in huis. Wij verwachtingsvol mee. Daar stond een ons bekende fles met goedkope drank. Giel kon er helemaal niet tegen, maar we hadden het weekend om de roes uit te slapen. Veertien dagen later vroeg hij ons weer, maar we hadden geen tijd. Een ezel stoot zich geen twee keer aan dezelfde steen. Dat voorjaar verdween hij naar zijn bedrijf. In zijn plaats kwam M. van de Woerd, een boerenzoon uit de Betuwe. Uiteraard had ook hij zijn sporen al verdiend bij de Directie.

1952 het jaar van het 10-jarig bestaan van de NOP. Dat moest groots gevierd worden. Emmeloord was in feeststemming. 'De achtste dag' werd opgevoerd. Een groot podium met daarop pioniers met boven op de top een grote boerenkerel uit Groningen, Bolhuis. Hij stelde de schepper van de polder voor. Ja, ja, een mens is schrander genoeg om de schoen uit te vinden, maar dan wordt hij zo eigenwijs om ernaast te gaan lopen.

Er was ook een dansgroep van het oude land. Giel en ik stonden ernaar te kijken, toen er twee wolken van meisjes van de groep naar ons toekwamen en ons uitnodigden voor een dans. Wat we dansten weet ik niet meer, maar het was adembenemend.

In de oogst waren de dagen vaak lang, een keer wel 33 overuren in 'n week. Vooral met het combinen draaiden de machines zo lang mogelijk. Dan moesten de laatste zakken nog van het land. Bovendien, ik was geen magazijnknecht meer, maar in het weekend dat we in de polder bleven, voerde en molk ik nog steeds de koe. Dit waren wel zware weken.

Ik was van magazijnknecht naar paardenboer gepromoveerd. Twee paarden kreeg ik: Billy en Moor, twee ruinen. Bermen maaien met de machine was me wel vertrouwd. Maar ik moest eens een plek ploegen waar een stroklamp gestaan had. Een plek met veel half verbrand stro: een moeilijke klus. Nooit gedaan, leren met de hotlijn te werken en de ploeg om te gooien en dan met al dat stro op diepte te blijven; het ging moeizaam. De man die zo ladderzat was op het afscheidsfeestje van der Riet moest het stro in de voren stoppen, hij stond er nu hoofdschuddend bij.

Hopperups of luzerne met de zaaiviool gezaaid. Met de strijkstok breng je een schoepenrad in een snelle omwenteling.

De hopperups of luzerne vliegt ver weg. Het is typisch dat je snel gaat lopen. Van linksaf:

De fordson Major wieltrekker; had vòòr een slinger om te starten. Voor het stuur een tankje benzine om te starten en warm te draaien. Ze liep verder op petroleum. Werken in het veld. Soms was ik bezig met paarden, maar vaak zat ik op een wieltrekker

De eerste jaren waren ze zonder kleed. In herfst en winter was het bar koud.

Je komt op de openbare weg, dus je had wel een rijbewijs nodig. Ik reed inmiddels altijd met zo'n Fordson-wieltrekker. Vandaar een rijbewijs. Het wisselde nogal eens.

Zo waren Giel en ik met paarden voor een molbord (grote schep) aan het egaliseren op een kavel. Toen kwam de ploegbaas.

Ik moest bij Van de Woerd komen. Wat bleek: zijn vrouw Mini was ziek, zij wilde beneden in de huiskamer komen liggen.

Ik moest een eenpersoonsbed kopen. Hij gaf me 100 gulden en ik af. De laarzen nog schoongemaakt, maar mijn overall was vies en bleef vies. Ik starte mijn trekker, de TAA 8, en ik op weg naar Emmeloord, over het pontje in de Urkervaart de Lange Nering in. Nou ja, het was toen nog een kort Nerinkje. Bij Batjes de winkel in en daar mijn wensen kenbaar gemaakt. De winkeldame voelde mij perfect aan en 'n uurtje later reed ik met het bed van Mini vastgebonden op de wagen Emmeloord uit. Toen ik het erf opreed, klaarde het gezicht van Van de Woerd helemaal op, maar toen ik de rest van het geld teruggaf, begon hij weer zoals altijd donker te kijken. Je doet het ook nooit goed.

Zo reed ik eens op de weg met twee wagens achter de trekker toen de verkeerspolitie mij aan hield. Er deugde niets van mijn materiaal, noch wagens noch trekker. De Directie heeft ontheffing, zo verdedigde ik mij. Welke directie was hun vraag. Dat vond ik maar een stomme vraag. In mijn gedachte was er maar één Directie. De heren lieten het er maar bij.

Broer Jaap kwam met zijn vrouw Rie in een sportieve bui op de fiets een weekend naar de polder. Zij bleven een nachtje over, dat was voor kampbeheerder Venhuizen geen probleem. Het meeste personeel was dat weekend toch naar huis en er was wel 'n kamer vrij. Het moet wel een openbaring voor hen geweest zijn. Zondag de eucharistieviering in de kantine en dan die stilte in het kamp.

Kunstmest strooien.

Drie man bij elkaar. Op het kantoor wordt berekend hoeveel kunstmest er op het gewas moet komen. Er wordt dan ook berekend hoe ver de zakken van 50 kg uit elkaar moeten staan. De rupstrekker-chauffeur rijdt de wagen met kunstmest over de kavel naar achteren (800 meter) en aan de andere kant naar voren. Om de zoveel meter wordt een zak afgezet. Met drie man wordt een zak geleegd in de bakjes en zo wordt de kunstmest verdeeld. 17 kg in een bakje, 300 meter op bakje vullenen en 300 meter terug. Drie man kan ongeveer 10 meter breed strooien. De kavel is 800 meter lang, dus het drietal loopt 40 keer op en neer vóór de kavel klaar is. 40 maal 600 meter = ongeveer 24 kilometer. Op vlak land is het prachtig werk, maar op de ruwe wintervoor is het nogal wat moeilijker. Of als er 'n paar kilo natte klei aan de laarzen blijven hangen. Je bent jong en de spieren raken dan wel op zwaar werk ingesteld. Het had eens gevroren, geen probleem, maar toen de temperatuur boven nul kwam werd het spekglad. Het werd linke soep. Hoofdinspecteur Ir. Prummel kwam net langs, hij haalde ons van de kavel, te gevaarlijk.

Je begint in de laagste loonschaal. Als wieltrekkerchauffeur kwam er een dubbeltje bij en als rupstrekker weer een dubbeltje. Rupstrekker –combinechauffeur gaf de hoogste loonwaardering.

Zaaien met Janus Balemans op de rupstrekker International en Giel en ik achter op de 8 meter brede zaaimachine. Volvelds is het niet zo moeilijk, maar op greppelland als een van de wielen van de zaaimachine aan de andere kant van de greppel rijdt, moeten op tijd de pijpen boven de greppel dicht- en op het eind weer opengezet worden en gelijk de markeurs omhoog en om-laag en dat alles in een rap tempo. We waren eens aan het tarwe zaaien toen Ir. Prummel kwam kijken. Hij vond dat we te diep zaaiden. Dus wij zetten de zaaipijpen wat lichter. Van der Riet kwam langs: we moesten de pijpen weer dieper zetten. Ik ben hier de baas, was zijn uitleg. Twee persoonlijkheden.

Koolzaad

Die zware geur en die felle kleur, het is altijd een bijzonder gewas. Bijenvolken uit heel Nederland kwamen naar de koolzaadvelden. Honing volop. Het past ook goed in de vruchtwisseling en het arbeidsproces. Het zaaien al in augustus/september. De oogst vóór de zomergerst uit.

Het maaien van slootkanten met de zeis in de zomer tussen het hoge gewas is vaak geen pretje. Het is soms bloedheet.

Bloedheet kan het ook zijn bij het op zwad maaien van het koolzaad.

De omgebouwde zelfbinders verwerkten het afgemaaide koolzaad niet goed. Drie man moesten het koolzaad over het wel draaiende doek opzij naar de uitgang werken. Als je dan 's morgens om 6 uur begint, is de energie in de avond wel op.

Vlasland werd verhuurd aan Vlaamse vlastelers. Commissionairs als onder anderen Scheele, Boiten en Bolt verzorgden het voor de telers. Wij strooiden 200 kg super per ha en maakten het land ook zaai-klaar. Daarna zaaide een loonwerker (Jan Maris) het vlas.

Begin jaren '50 werd het vlas nog met de hand getrokken. Geen licht werk en dat kavel na kavel. Dit deden Vlamingen die tijdelijk in het kamp huisden. Magere, pezige kereltjes. Geplukt en in schoven gebonden kwam het in het hok en daarna werd het op tollen gebracht. Een enorm gesleep.

Verhuur van luzerne land was een goede mogelijkheid van de Directie om te draineren. In de NOP is al het land met de schop gedraineerd. Luzerne wordt driemaal in het seizoen geoogst. Na elke oogst is er een korte tijd om in de greppels te draineren. Het drainageproces moet het gehele jaar doorgaan.

Dit was een gelegenheid. Bovendien: de wortels zijn goed voor de structuur. Luzerne paste ook goed in het bouwplan.

De drogerijen Baars en Timmermans hadden een strak schema om het hele jaar te oogsten. Maar de natuur gaat zijn eigen weg. Zo was er een jaar dat de luzerne zo hard groeide dat de drogerijen het niet voor konden werken. Als ze dan te laat zijn, gaat de voederwaarde snel achteruit. Een oogst van 'n kavel gaven ze terug aan de Directie. Wij moesten de luzerne maaien, voor het droogproces op ruiters zetten en daarna aan de klamp brengen.

In het najaar werd het door ons in pakken geperst en uitgedeeld aan de ontginningsbedrijven waar overal paarden aanwezig waren.

Het bieten dunnen in de jaren '50. Bedrijf J 44 had een paar jaar zo'n 60 á 70 ha bieten. Omdat de uitgifte van bedrijven snel verliep en de overgang naar Oost Flevoland zeker een jaar vertraagde, doordat al het materiaal aan de dijkenbouw verhuisde naar het Zuidwesten van Nederland na de watersnoodramp van 1953, moest voor al het personeel werk gezocht worden. Men zocht het in intensieve gewassen, zoals aardappelen en bieten. In die tijd werd het bietenzaad nog in kluwen gezaaid. In een kluwen zaten drie zaadjes. Twee moesten verwijderd worden, het zogenaamde dunnen. En dat op 70 ha. We begonnen met veel personeel, meestal op de knieën. Vooral de vele scherpe schelpen op die jonge zeegrond maakte het dunnen tot een hels werk.

Het oogsten ging wat beter. Ze waren goed gemechaniseerd voor die tijd. Hier het rooien. 1955 was een dramatisch jaar om bieten en aardappelen te oogsten.

Op J 44 lag ook een kavel aardappelen. Ook daar waren machines ingezet, maar het was veel te nat en het materiaal had toen nog veel gebreken. Het draineren werd stilgelegd en al die mensen werden ingezet om de aardappelen te rooien. Het leek China wel, één drama. Maar ook in de bieten ging het niet van een leien dakje. Het rooien ging wel, maar het laden was prut. Het gevolg was dat een groep mensen naast zo'n combinatie van wagens liepen en met de vork de bieten op de wagens deponeerden. De dam naar de weg was finaal kapotgereden. Die grote D 6 reed gewoon door de wegsloot de weg op.

Ik dacht aan dichter Staring met zijn hoofdige boer, de man die in zijn beste pak niet over de nieuwe brug wilde, maar zoal zijn ouders eeuwenlang door de moddersloot naar de kerk gingen.

De sliblaag was dik genoeg om de weg te beschermen voor de rupsen.

Wij moesten de bieten naar Urk transporteren, ik denk zo'n 6 á 7 km. Een mooi ritje, maar gaandeweg werd het kouder en mijn trekker had nog geen trekkerkleed, dus het was bibberen op die trekker. Met nog een oude lap om mijn benen probeerde ik het wat dragelijk te maken. Gelukkig was mijn tweede chauffeur enthousiaster en nam mijn werk graag over.

Ik zeg 'tweede chauffeur'; de opleiding was in die tijd op de praktijk gericht. De eerste chauffeur leidde de tweede op.

Het lossen in Urk. In schepen van 600 ton. Dit was niet mogelijk in de polder; de schutsluizen waren te klein.

De Culturele Commissie

Deze was bijzonder actief. Je kreeg in het kamp alle kansen om in de winter cursussen te volgen. Het was voor die leraren geen hapje om in de winter die donkere polder in te duiken. Maar in de jaren na de oorlog was elk dubbeltje belangrijk. Ook handenarbeid werd veel gedaan. En dan de films, cabaret, toneel, operette, zelfs opera en orkest (symfonie).

Volleybal en voetbal

Als het nodig was, reed 'n vrachtauto mensen naar andere kampen. Dit vooral bij volleybal en voetbal. En dan was er in het kamp ook een leestafel en een bibliotheek op kantoor. En dan die bekende gezelschappen voor toneel en muziek. De Meerpaal in Dronten ziet ze nu graag komen, ze zijn nu ook wat duurder denk. Er werd veel gedaan voor het personeel.

Een behendigheidswedstrijd wieltrekker – chauffeurs

Er reden minstens 150 wieltrekkers rond. De Directie deed er alles aan om de kwaliteit van het personeel te verbeteren. Een voorronde was in inspectie Nagele. Tot mijn verbazing was ik derde. De beste twintig uit alle 3 inspecties moesten toen tegen elkaar. Het resultaat was de tweede plaats voor mij. Mijn medaille ben ik zuinig op.

W. Hofstede was eerste. Zestig jaar later sprak ik hem er nog op aan. "Och Toon," zei hij, "natuurlijk vond ik het leuk, maar leuker vond ik dat ik tweemaal eerste werd met ploegwedstrijden." Een vakman eerste klas.

We hadden nog oude schaftketen uit de Wieringermeer. Tijdens de ontginningsperiode in de NOP was er niets anders. In de zomer had je ze niet nodig en in de koude periode stikte je van de kou. Ze waren licht, vier personen konden de keet verplaatsen over korte afstand aan de handvatten. Is het een wonder dat we in het najaar zaten te verlangen naar 'vorstverlet', dus onwerkbaar weer wegens de vorst?

De eerste keer dat me dit overkwam, moest ik mij melden in Woerden bij het arbeidsbureau. Daar stond ik in de rij met andere werklozen. Dat was pittig.

Zoiets was ik niet gewend. Dan besef je dat het anders mogelijk moet zijn. Ik werd lid van de landarbeidersbond, Sint Deusdedit.

Tijdens een vorstperiode heb ik de driemerentocht geschaatst met broer Wim, 90 km. Een volgende keer kreeg ik hem er niet meer toe. Maar toen schaatste mijn broer Jan mee. Het is ook een hele opgave die afstand op zwierschaatsen.

Soms zat ik nu op een wieltrekker, soms op een rupstrekker. Voor een jongen uit het gebied van enkel grasland was er veel te leren.

Combinatieploegen. Twee Ploegen aan elkaar achter een trekker. 3 meter breed.

Twee combinaties achter elkaar. De laatste trekker heeft een vierscharen-ploeg en daarachter een tweescharen-wentelploeg. Zo werd in één gang 8 meter geploegd, genoeg voor één gang van een zaaimachine van 8 meter breed.

Sip Smit, een Groninger. Sip zat op een Caterpillar-rupstrekker. Ik heb hem tijdens het ploegen veel geassisteerd met uitploegen en opzetten vóór het combinatieploegen uit. Op een nieuwe kavel konden de combinaties zo gewoon door met onze opzet.

Ik heb daar vaak op de kleine kinderen gepast als ze eens weg moesten. Sip wilde boer worden, maar daar kreeg hij geen kans voor. Hij is verdwenen naar de hoogovens.

Giel van Zuylen en ik reden eens met twee Caterpillar-rupstrekkers ploegen met woelers onder de risters. Dit om een vaste laag te breken. Eén trekker kon het niet aan.

Na het werk gaat de rupstrekker onder het kleed, bij de slee, waarop het brandstofvat, olievaten en divers materiaal.

26 Kampen zijn er geweest in de NOP. Kamp B moet Marknesse zijn geweest; Kamp A lag volgens mij in Emmeloord. Voor elk kamp was een beheerder nodig. Ze staan ze bij elkaar op de foto. Een bijzonderheid.

Bovenste rij v.l.n.r. Groenewold, Postma, Pander en Van het Riet, Venhuizen, G.Lokker, E.Drok, Van Dam, K.Sanders, B.Herder,

C.Welbedacht, H.Lokker.J.Bos, J.Telder, J.Pap, J.de Jong, F.Lokken,
G.Beutler en H.Alders, Van Dalen, Bergman, Spruit, Appels, Dokter,
F. ter Haar, G.Patijn, C.IJzerman en Blankendaal.

Het aantal kampbeheerders geeft al aan wat een enorm werk
die ontginning in de IJsselmeerpolders was.

Voor de Kampbewoners

Nagele werd voetbalkampioen 1951.

De Culturele Commissie verzorgde ook voetbal en volleybal
wedstrijden.

Elk kamp had zijn veld. Kamp Nagele werd eens kampioen
in wedstrijden tussen de kampen.

Het was de grote wens van kampbeheerder Venhuizen om
een gemeenschappelijke eetzaal in kamp Nagele te hebben.
Hij kreeg het voor elkaar. Wat een luxe. Na de arbeid je op-
knappen en zo aanschuiven aan de tafel. Het was wel geen
viersterrenrestaurant, maar wat een verbetering. 's Morgens
stond het ontbijt klaar. Na het ontbijt kon je het lunchpakket
meenemen voor overdag, tevens je fles vullen met thee. Het is
geen pionieren meer.

Het combinen. Ik werd tweede chauffeur bij Janus Balemans
op de combine. De directie had 51 combines Massey Harris. Door
de Marshallhulp zijn ze in de polder terecht gekomen. Dit was de
CH 51. Het waren combines waarbij het graan in zakken werd
verzameld. Dus ik stond nogal eens aan de zakken. Het is wel
fantastisch om aan het stuur van zo'n grote machine te zitten.

Ze vroegen wel veel onderhoud en de prestaties waren voor
deze tijd niet zo geweldig. Per dag zo'n 400 zakken, soms een
uitschieter naar boven en soms een uitschieter naar beneden.

Op de machine deponeer je de volle zakken in een glijgoot.
Liggen er zes in, dan trek je aan een klep en ze vallen op het land.
Hier worden ze verzameld. Op de weg worden ze overgeladen
op vrachtauto's of het gaat naar de schuur.

Meestal is daar voldoende personeel voor. Eens het was 's avonds laat geworden en donker. Van de Woerd vertrouwde het niet, hij stuurde mij de volgende morgen alleen weer de kavel over. Ik vond er nog twintig. Een hele hijs om die op de wagen te krijgen, 75–80 kg per stuk.

De Domeinen

Van de Woerd kwam eens bij me en zei: "De Wit, Domeinen zoekt twee man die zouden kunnen assisteren bij de aspirant-pachtersdagen in Espelerbocht, ik heb jouw naam genoemd, wil je dat doen?" Daar schrik je wel even van.

Mijn wedervraag was: "Wat moet ik dan doen?" Dat wist hij niet.

Een paar weken later kreeg ik een schrijven van de Domeinen om op een bepaalde datum in kamp Espelerbocht te verschijnen.

Daar kregen ik en een collega uit inspectie Espel uitleg van onze taak. Wij zouden ieder achter een tafel komen te staan met daarop de kavelmappen van de uit te geven bedrijven. Onze taak was erop toe te zien dat het er ordelijk aan toe ging als de aspirant-pachters bepaalde mappen met daarin de gegevens van de kavel (grondsamenstelling, drainage, bijzonderheden) wilden zien. Wij moesten ze ook inlichten als bepaalde tekens op de kaarten niet duidelijk waren.

Als een uitgifte van te verpachte bedrijven aanstaande is, wordt een advertentie geplaatst in alle landbouwbladen, belangstellenden kunnen hierop reageren. Zij die dat doen krijgen een prospectus thuisgestuurd met daarin de uit te geven bedrijven met de grootte en de ligging. Belangstellenden kunnen zich opgeven voor één van de drie aspirant-pachterdagen, toen in kamp Espelerbocht. Er was altijd enorm veel belangstelling voor. Men kreeg dan uitleg over de gang van zaken door een domeinopzichter. Vragen konden aan hem worden gesteld. Er was nog een pauze voor de koffie en dan kwamen velen op onze tafels aan.

Het waren interessante momenten. Na afloop kroop ik bij een belangstellende in de auto en reed naar het betreffende gebied om de grond te bekijken en ook weer vragen te beantwoorden. Niet alleen de bouwvoor was belangrijk ook de ondergrond en hoe deze beide tot stand zijn gekomen is een heel bijzonder geschiedenis. Het was wel goed dat ik wat cursussen gevolgd had. Het was het gebied tussen Emmeloord en Tollebeek, prachtige grond. Ik vond het een leuke ervaring.

Bij het schrijven van mijn boek 'Wanneer de polder vonken slaat' vroeg ik domeinopzichter C. Abbenes wat over de uitgiften. Hij gaf mij wat literatuur mee, maar ook een verhandeling die hij had gegeven voor het Hoofdbestuur van de Suikerunie bij hun bezoek aan Swifterbant.

Die lezing vond ik zo interessant dat ik die ook in mijn boek plaatste. Daar nam de uitgever geen genoegen mee. Het was geen eigen werk. Dat was dan wel zo, maar het was machtig zoals Abbenes vertelde over de selectie. Hoe hij 's maandags op kantoor een lijst ontving van te bezoeken adressen; met de motor door Nederland kruiste. De bijzondere ontmoetingen, en de spanning bij de mensen die naar de polder wilden komen op een mooi landbouwbedrijf. Hoe hij 's avonds in een hotelletje zijn bevindingen opschreef, en de zaterdagmiddag en -avond een rapport samenstelde. Elk persoon in tien zinnen beoordelen. Maandagmorgen moest het rapport bij Lindenbergh op tafel liggen. Na deze grove selectie werden de overige kandidaten gewikt en gewogen. Bijzonder.

Werkverschaffing

Steeds meer land raakte de Directie kwijt aan de uitgifte. Er werd naar werk gezocht.

Al het personeel van ons bedrijf werd aan het werk gezet op een oud zanddepot bij Nagele om het te egaliseren; nu zijn er huizen op gezet.

Ik met de schop. Lang waren we aan het werk op een oud zanddepot. Dit was pure werkverschaffing. Veel personeel kwam in de bossen bij Kuinre, greppels graven.

Door de stormramp van 1953 in het zuidwesten van Nederland was de bouw van de dijken rond Oostelijk Flevoland vertraagd. Het materiaal ging naar het rampgebied. De Noordoostpolder was klaar, het personeel moest bezig gehouden worden.

Bedrijfsvoetbaltoernooi beëindigd

J 44 won de spannende finale

Het jaar daarop in 1952 voetbalwedstrijden tussen de bedrijven. Wij werden kampioen van de polder, ook wel dankzij Vrieling. die goede spil van Emmen. Hij werkte niet op ons bedrijf, maar in wedstrijden tegen de andere inspecties was hij voor ons een bijzonder goede aanvulling. Onze topsporters; Toon Meekers, Tjidde Hummel, Jeu Gielen, Toon de Wit, en Ras, Huub de Bekker, Geert Goosink, Appie Oost, Giel van Zuylen (keeper), Henk Zieltjes en Geert Heesterman.

We werkten allen op dat zanddepot, maar toen het er om ging spannen tegen de andere inspecties leefden we als in een roes. Normaal werkten we wel door met of zonder de ploegbaas. Maar in die dagen hadden we een ander programma. Zo stelden wij ons op dat zanddepot op of we aan het voetballen waren. De adviezen klonken van alle kanten. De avonden moesten we weer aan de bak in een van de inspecties, tot we uiteindelijk voor het kampioenschap gingen in kamp Espel. Een massa mensen aan de kant en dan kampioen worden, een droom. De ploegbaas zag je de laatste dagen nauwelijks of het was om ons aan te vuren. Trouwens, je kon mijlenver rondom zien: het land was toen zo kaal als een luis, verrassen kon hij ons niet.

Bij deze gelegenheid Van de Woerd met het personeel op de foto. Roosendaal, de magazijnknecht houdt de trofee vast.

Ook drie kinderen van de Woerd: Hans, Adrienne en Adriaan.

Het zanddepot was klaar. Toen werden we aan het greppels graven gezet op Schokland. Toch waren we bevoorrecht ten opzichte van jongens op andere bedrijven. Hele bussen vol reden elke dag naar Kuinre om in de bossen greppels te graven. Zij verloren elk contact met hun bedrijf. Bij ons bleven we in het loonboek van onze ploegbaas van het bedrijf en regelmatig werden een of meerdere personen op het bedrijf J 44 verwacht om de nodige werkzaamheden te doen. Het greppelgraven was akkoordwerk, maar de samenstelling van de grond was deels veen en deels keileem, dus het akkoord was rekbaar. Het was mooi weer en eigenlijk wel een mooie tijd. Zowat zestig jaar later kwamen Gre en ik in de gesteentetuin op Schokland. We wandelden over een wandelpad achter de gesteentetuin via planken over dezelfde greppels. Half dichtgeslibd. Herinneringen

Ook dit werk eindigde. We werden aan het werk gezet aan een wegberm van de Zuidermeerweg. Kilometerslang en ± 8 meter breed. Daar moest een spit af. Een dragline die erop werkzaam was.

Het was ook in de tijd van de bestedingsbeperking: pas aangenomen personeel (met het oog op de droogvalling van de nieuwe polder, 1957 dus het jaar daarop) werd weer ontslagen. De tijd was niet goed, maar dat graven aan die wegberm vond ik zo zinloos.

Ik zocht werk bij een pachter en vond het bij Bas Remijn aan de Havenweg.

Ik vroeg ontslag aan voor een jaar en een getuigschrift.

Ik kreeg beiden.

Brief van de Directie Wieringermeer (Noordoostpolderwerken)

Naar aanleiding van uw verzoek met tijdelijk ontslag te mogen gaan, delen wij U mede, dat wij hier mede akkoord gaan voor de tijd van een jaar.

U dient zich vóór 1 mei 1957 te melden bij Ir. Van Kampen te Emmeloord voor uw hernieuwde tewerkstelling.

16 mei 1956

Hiermede verklaren wij, dat de heer A. J. de Wit, geboren 3 november 1927, als landarbeider in onze dienst is geweest van 20 augustus 1951 tot 5 mei 1956.

De heer de Wit heeft in die periode vrijwel alle in het gemechaniseerde grootlandbouwbedrijf voorkomende werkzaamheden verricht en zulks steeds tot volle tevredenheid van zijn superieuren. Ook als trekkerchauffeur en bestuurder van maaidorsers was hij een uitstekende, zeer vakbekwame kracht. Door zijn prettig karakter en zijn grote vakkennis was hij, zowel bij zijn collega's als bij zijn superieuren, zeer gezien. Hij werd gerekend te behoren tot die groep van werknemers, die de ruggengraat vormt van het bedrijf.

Ontslag is hem op eigen verzoek verleend.

Directie van de Wieringermeer (Noordoostpolderwerken)

B. Prummel.

Naar een pachter

Ik moest nu kostgeld betalen in het kamp en de treinreis naar huis.

Zo zuinig als ik was, ging ik om de vier weken naar huis. Vandaar een kaart met de melding dat ik zaterdag thuis zou komen. Vier weken in de polder; ik moest zelf mijn kleren wassen, maar het meeste miste ik mijn maatje Giel van Zuylen.

Die had verkering, kocht een motor en ging elke week naar huis. Die weekenden in het kamp werden nog stiller.

Bas Remijn, mijn baas, was een prater, maar ook een werker. Hij was eerst ploegbaas in de NOP. Vanuit deze functie is hij zelfstandig ploegbaas geworden in de ontginning van de Braakmanpolder in Zeeland. Hij kreeg toen een pachtbedrijf aan de Havenweg in de NOP.

Voor mij hier weer hetzelfde werk als bij de Directie. Kunstmest strooien met de bak. Bieten dunnen en onkruid hakken. De kavels die de Directie uitgeeft zijn vaak vuil, dus werk genoeg.

1956 was ook een nat jaar. Aardappelen rooien ging met een voorraadrooier. De aardappelen moesten geraapt en in kistjes verzameld worden. Waren een paar rijtjes klaar, dan reed Tille (zijn vrouw) met trekker en wagen langs de rijen, ik tilde de kistjes op de wagen en Bas tastte ze op elkaar. In de schuur brachten we de kistjes over een trapplank in de box. Nat en smerig werk. Bas raakte een topje van een vinger kwijt. Hij naar de dokter. Ik dacht: nu sta ik er alleen voor. Maar de dokter verbond hem, Tille deed er een extra doek omheen en Bas werkte onverstoorbaar door. Bij weer eens een vlaag regen veegde hij zijn bril weer af met zijn vuile handen met natuurlijk heel matig resultaat. Wat een wilskracht had die kerel.

Er waren al goede machines om de bieten te rooien, maar Bas wilde het zelf verdienen. Met het schopje 5 ha bietenrooien. De biet met de ene hand om de kraag pakken, met de ander de biet met het schopje uit de grond wippen, tik met de schop ertegenaan en op een rij leggen. Zo het blad eraf steken en met de bietengreep op de wagen gooien. Dat was het programma. Maar Bas zijn rug kon het niet aan, hij moest investeren. Een twee- rijïge Roerslev-kopper en een lichter op paardentractie. De bieten moesten nog wel met de bietengreep geladen worden.

Het was een zwaar, maar leerzaam jaar. Hij wilde dat ik nog een jaar bleef, maar ik wilde terug naar de Directie, terug naar die brede wegberm. De nieuwe polder lokte verschrikkelijk. Voorjaar 1957 vielen de eerste delen van de nieuwe polder droog en ik wilde daarnaar toe. We hebben lang contact gehouden met elkaar.

Kerstspel in en door de mannen uit de kampen.

De Vierde Wijze uit het Oosten. Een activiteit van de Culturele Commissie. Opgevoerd in de kampen Lelystad haven, Emmeloord en Nagele, door kampjongens tezamen met een aantal dames uit Emmeloord. Ik was Balthasar

Ds Muurling of pastoor Eysink stonden stil bij het Kerstgebeuren en het koperkwartet van de Koningklijke Luchtmachtkapel speelde bekende Kerstliederen. Het waren spannende avonden voor ons, vooral de eerste. Een volle zaal en de aanwezigheid van zo'n bekend orkest.

Terug op het ontginningsbedrijf bemerkte ik dat er veel veranderd was. Van der Woerd had een akkerbouwbedrijf gepacht. We hadden nu een landbouwkundig opzichter nog van uit de Wieringermeer. Ook in het personeelsbestand was veel veranderd.

De uitgiften gingen enorm snel. Van inspectie Espel kwam al het personeel op inspectie Nagele aan. Ook de nieuwe polder vroeg arbeidskrachten, de eerste mannen gingen al die kant op. Bulldozerchauffeurs om slootgrond uit te schuiven. Ook chauffeurs om granen te zaaien op stuifgevoelige zandgrond (karper- ruggen bij Roggebot).

De eerste groep mannen was geselecteerd voor de functie van landbouwkundig opzichter. Kortom: het begon weer te spannen. Bedrijf J 44 lag dit jaar in de uitgifte. Er moest geoogst worden en alles moest klaargemaakt worden voor de uitgifte.

Zo moest Wenting met zijn D 6 twee greppels trekken van 800 meter op J 6. Het was daar nog te nat en er moesten twee drains gelegd worden (schoppenwerk). Op die plek een greppel trekken, is het halve werk. Giel van Zuylen en ik moesten assisteren. Ik op de greppelploeg om hem in en uit het werk te zetten.

Dorp Nagele kwam van de grond. Veel jongens die bij de Directie werkten, wilden weleens trouwen. Voor hen waren genoeg woningen te krijgen. Van de vorige verpachtingen kwamen pachtersgezinnen rond Nagele. Gingen we nog altijd in de kantine van het kamp naar de zondagviering: met de pachtersgezinnen erbij ging dat niet meer. De oude smederij van de Directie raakte buiten bedrijf. De kampjongens knapten het op, daar werden de eucharistievieringen gehouden.

De boerenstandsorganisatie A.B.T.B. werd opgericht De boerenjongens die pachtersaspiraties hadden werden er lid van. De voorzitter Wim van de Noord, 'n pientere kerel, gaf ons les in de moderne bedrijfsvoering in de landbouw. Wat hebben we gefilosofeerd over hoe het allemaal in de nieuwe polder zou moeten gaan. Een landbouworganisatie: dat was wel duidelijk. Ondertussen ging het werk gewoon door; ploegen, zaaien, sloten maaien en opschonen. Als er geen werk was op het bedrijf gingen we naar die brede wegberm. Tot al het werk op bedrijf J 44 klaar was. De volgende dag werden we in een vrachtauto geladen en naar Urk gereden. Daar moesten we greppels graven, maar er was niet in te komen. Het moet het latere P. van der Lijn-reservaat geweest zijn, allemaal keileem en stenen. Bovendien was het bitterkoud. Gelukkig gingen we die middag met vorstverlet. **Einde bedrijf J 44.**

Daar hebben we in de jaren '50 op gewerkt; herinneringen: leuke en minder leuke. De kleuterklas van J. van de Riet, de hechte ploeg bij M. van de Woerd.

Mijn gedachten gaan nogal eens uit naar die tijd. Naar Geert Heesterman, Janus Balemans, Geert Goosink, Harrie en Leo van de Laar, Huub de Bekker, Reindert Okkinga, Henk Zieltjes, Jeu Gielen, Hendrik Wenting, Toon Meekers, Flip Diepstra, Jan Mooy, Appie Oost, Herman de Munnik, Tjidde Hummel, Jan Schouten, Leen van Gils, en natuurlijk mijn maatje Giel van Zuylen. Het was een toffe groep om mee te werken.

Ik besef dat ik veel mazzel heb gehad in deze tijd. Veel afwisselend werk, nooit lang op één stekkie, de meeste jongens troffen het slechter.

Een doorlopende voorstelling

Terwijl het ontginningswerk in de Noordoostpolder voor ons steeds minder werd door de uitgiften van landbouwbedrijven gonsde het rond Harderwijk van de activiteiten

Door de stormramp in '53 was al het materiaal dat aan de dijken van het toekomstig Oost Flevoland werkte naar het rampgebied in het zuidwesten van Nederland gedirigeerd. Dat duurde een vol jaar waardoor de vloeiende overgang van de ontginning van de Noordoostpolder naar Oostelijk Flevoland niet goed liep.

Toen de dijkbouw voor Oostelijk Flevoland Harderwijk naderde, begonnen toeristen veel interesse te tonen voor dit werk.

Twee gebroeders Den Herder exploiteerden in Harderwijk een strandbad en lieten een bootje varen op het grote water voor mensen die Harderwijk vanaf de zee wilden zien. Daar was altijd wel belangstelling voor.

Bergen, bossen en verre stranden waren altijd in belangstelling van de toeristen, maar in de jaren '50 kwam er ook veel belangstelling voor het machtige werk in de Zuiderzee. De enorme baggermolens, zuigers, sleepboten, het grote materieel op schepen. De dijkenbouw, maar ook de aanleg van de gemalen en sluizen. Voor de aanleg van de laatste twee waren enorme bouwputten gegraven. Ook onder andere het graven van kanalen onder water. Kortom, het was een indrukwekkend gezicht onder deze bijzondere omstandigheden.

Het bijzondere was ook dat er op meerdere plaatsen gewerkt werd aan de dijk.

De gebroeders waren genoodzaakt om er boten bij te kopen. Zij kregen in de gaten dat de belangstelling voor de inpolderingswerkzaamheden steeds groter werd. Ze maakten toen ook veel reclame voor het werk in binnen- en buitenland.

Er waren vijf schepen nodig om de belangstellenden te verwerken. Drommen schoolkinderen, één jaar geschat op 60 000. Heel veel Duitsers, maar ook Fransen, Engelsen, zelfs regelmatig een bus Amerikanen. De gemiddelde schatting is jaarlijks een kwart miljoen toeristen. Harderwijk stond vol met bussen, auto's en fietsen.

De gidsen moesten de talen wel kunnen spreken. Ook moesten ze goed weten wat er zoal gebeurde op het water, en over het materiaal dat nodig is voor de bouw van de dijk, de keileem, zand, rijshout. Goede gidsen kunnen de vele facetten van dit grootse werk interessant maken voor de toeristen. Dat is ook wel gelukt gezien de enorme belangstelling. Ook de gevolgen

van de visstand in het IJsselmeer nu het water van zout naar
zoet water is veranderd door de bouw van de Afsluitdijk. Wat
een veranderingen.

Harderwijk voer wel bij deze belangstelling; overvolle ter-
rassen en een goed draaiende middenstand.

Oostelijk Flevoland

Het eerste wat je zag was het wrakhout van 'n roeibootje en wat
verslagen hout van schepen. Hier zie je een reserve brandstof-
tank van een bommenwerper in de oorlog tijdens de vluchten
op Duitsland. Die tanks werden gebruikt om de actieradius te
vergroten. Waren ze leeg dan werden ze afgeworpen.

Restanten van een eeuwenoud bos.

Ik kom zelf van een boerderij langs de Oude Rijn in Bodegraven.
De eerste 300 à 400 meter is het puur rivierzand in de ondergrond.
Maar verderop werd het klei en veen. Nog weer verder het pure
veen. Juist in dat veen/kleigebied vonden we ook boomresten
die gedeeltelijk in de sloten uitstaken. Ik denk dat waren ook
restanten van een bos uit diezelfde tijd. Mogelijk was het toen
één bosgebied.

Toen het water begon te zakken, werd er wat minder gemalen
om de vissers de gelegenheid te geven zo veel mogelijk vis te vangen.
Toen de grond droogviel kon je ook zien waar de vissersschepen
gevaren hadden aan de zandsporen. Door de scheepsschroeven
die de bagger op woelden, zakten de zandkorrels weer recht naar
beneden, de fijnere deeltjes dwarrelden verder weg. Officieel was
de polder in juli 1957 droog, maar in een westenstorm in januari
1958 sloegen de golven nog tegen de dijk bij Ketelhaven en bij
Elburg. Bij die storm bleven tonnen vis achter in een laagte bij
Elburg. Vissers konden ze zo opscheppen. Het ligt voor de hand
dat op veel plaatsen in laagten vissen zijn achtergebleven.

Plaatselijke schelpenrijke bodem. Dit doet mij denken aan de tijd
in de NOP, op ontginningsbedrijf J 44. Het erf was door jarenlang

gebruik wat modderig geworden. Dagenlang reed ik schelpen die bij het vroegere eiland Schokland voor het opscheppen waren.

Stro verspreiden en insteken, hier op de zogeheten karperruggen tussen Roggebotsluis en Ketelhaven. Reeds in de Wieringermeer hadden ze ervaren dat een storm op die structuurloze zandgrond door dicht stuiven van sloten en greppels, maanden werk ongedaan maakte. Door graan zaaien en stro insteken probeerde men dat stuiven te voorkomen.

Na de oogst kon men kon men de stoppel nog zien van het graan dat men in het voorjaar van 1957 gezaaid had wegens stuifgevaar. Dat graan deed het zo goed dat het najaar '57 geoogst werd. Het graan werd verkocht op de Groninger graanbeurs voordat de gehele polder droog was.

Het begin van de rietgroei. Het gaat enorm snel. De stengel kruipt langs de bagger en op elke knoop ontstaat weer een stengel. Als het een dicht gewas is, kan het wel 3 meter hoog worden. Dat riet zaaien is zeer doordacht. Riet heeft veel water nodig; dit wordt uit de bagger onttrokken. De wortels geven stevigheid aan mens en materiaal. Onkruid heeft geen kans om zich te ontwikkelen.

De droge zomer van 1959 was zeer belangrijk. 1ste stadium van drogen. Een droge zomer is zeer belangrijk voor de scheurvorming en zuurstofvorming in de bodem. Als de rijping zo doorzet naar de ondergrond kan men overgaan tot drainage.

Waar veel water stond tijdens het riet zaaien (in lagere gedeelten) kreeg het riet geen kans. Daar zag je veel moerasandijvie. Beslist geen eetbaar product. Het kon enorm veel zaad produceren dat als pluis in heel Nederland bekend werd. Zulke terreinen zijn later moeilijk begaanbaar. Langs de Knardijk en later ook langs het Oostvaarderdiep in Zuidelijk Flevoland kwam het veel voor. Op de laatste plaats was aanvankelijk een groot industrieterrein gepland. Waar vroeger wegens de diepte hier de Oostvaarders eerst op Urk aan voeren is nu een groot natuurgebied met veel water.

Draglines op weg op de onafzienbare moddervlakte. Eerst tochten graven, twee draglines op een tocht. Ieder aan een kant (waterafloop tussen sloot en hoofdvaart).

In Oost Flevoland werd begonnen in het zand bij Roggebotsluis, daarna de klei.

Na de tocht kwamen de sloten aan de beurt. Zo'n dragline begint aan de tocht

Om te beginnen aan de aanvang van een tocht of sloot moest hij telkens een schot met de giek vóór de dragline slepen, de dragline 1 meter vooruit en weer een schot pakken. Een hele klus om 1 km verder achter bij het begin van de sloot te komen. In Zuid Flevoland gleed er een dragline van de schotten. Ze hebben de giek eraf gesloopt, de rest is blijven zitten tot de bodem draagkracht had.

Het sloten graven. In het begin graaft men een vrij vlak talud om uitzakken te voorkomen, maar diep genoeg om het water af te laten lopen uit de greppels. Vóór het draineren wordt de sloot verder uitgediept met een steiler talud.

De Bamse is een lichte wieltrekker met rupsen, deze kan op zeer nat terrein goed werken leveren. Bij dammen tussen sloot en tocht werd in het begin gebruik gemaakt van Nestable golfplaatduikers. Licht materiaal, dus beter om te vervoeren op de zachte grond. Ze zijn in elkaar te zetten waar ze nodig zijn. Voor meerdere dammen mee te nemen op de slee.

Greppels werden getrokken met 3 rupstrekkers voor de greppelploeg.

De bodemkundige afdeling bepaalt hoe ver de greppels uit elkaar moeten komen te liggen.

De landmeetkundige dienst meet het uit en plaatst de piketjes.

Voor de trekkers uit plaatsen een aantal mensen de talonstokken bij de piketten en halen ze ook weg net voor de trekkers. Deze rijden zo zonder te stoppen door naar een volgende te graven greppel. Op de kopakker liggen de hoopjes kopakkerbuizen die moeten zorgen voor de doorstroming van het water door de kopakker naar de sloot.

De Demag-greppelgraver heeft weinig druk per cm^2. Kan op nat terrein zeer goed werk leveren. Op droog terrein te weinig prestaties. Er waren zes van zulke frezen.

Steeds meer ging men over op plastic buizen van 13 meter lengte voor de verbinding van greppel naar sloot. Aanvankelijk werden deze buizen ook met de schop gelegd, maar hier werden ze al mechanisch ingebracht. Onder aan het mes zit een kogel, daaraan werd de plastic buis bevestigd. Het mes sneed door de bagger als een mes door de boter. Als ploegbaas heb ik zo verschillende groepen in het loonboek gehad. Er moesten zeer veel kopakkerbuizen getrokken worden. Daarvoor werden ook D 4-Caterpillar-rupstrekkers gebruikt. Deze hadden wel brede rupsen, maar de bodem was echter nog haast bagger. De chauffeurs waren bang dat ze bij het achteruitrijden over de greppels (voor het aankoppelen van de buis) weg zouden zakken. Het was secuur rijden, niet te veel heen en weer.

Bussen op de dijk

Vanaf het begin van de drooglegging was er een gigantische stroom van personeel naar de polder. Een polder waar, op de dijk na, nog geen meter weg was aangelegd. Het personeel kwam aanvankelijk allen uit de NOP over de oude, smalle brug bij Kampen.

Bij Roggebot op de dijk was het overstappunt voor arbeiders die richting Ketelhaven gingen of richting Elburg. Gaandeweg stapte men uit bij het werk. Verder was het lopen.

Toen het werk dieper in de polder kwam te liggen en er nog geen wegen lagen, werden er ongeveer 26 km zandbanen aangelegd over dammen en kopakkers, door eigen personeel. Hierover werd het materiaal van de romneyhutten (beginpunt van het ontginningsbedrijf) aangevoerd. Wagens met brede banden werden ook klaargemaakt met oude keten uit de NOP erop, voor het vervoer van personeel over die zandbanen.

Boompjes poten op het Roggebot-zand in januari 1958. Einde werktijd op weg naar de bus op de dijk en dan op weg naar kamp Nagele. Ik voorop. Werken onder opzichter Morren en in het boek bij ploegbaas Oedzes. Een grote zandvlakte. Vijf of zes man naast elkaar op een akker. Ieder een grote bak met een honderd sitka's, of fijnspar. Met een boor een gat maken, sparretje erin, grond uit de boor in het gat, trap na, grote stap verder en weer hetzelfde ritueel. De boompjes waren haast niet te zien. Geen idee hoe het er later uit zou zien.

Na dik zestig jaar als ik er met Gre door het bos fiets, gaan mijn gedachten nogal eens terug naar die tijd. Een deel van de boompjes die we toen geplant hebben, zijn later weer gerooid om er een gedachtenisbos te stichten voor mensen die aan kanker zijn overleden. Er is een tijd van planten en er is een tijd van rooien

'Ontariobos'

Een Canadees Tuinbouwgenootschap schonk aan Nederland een aantal boompjes, als waardering voor het grootse presteren van de drooglegging van de polders en voor de hartelijke band tussen Canada en Nederland.

In aanwezigheid van de Canadese ambassadeur, de Landdrost, het Canadese Gezelschap en vele hoge heren van de Directie en de landelijke pers plantten vijf personen van het Canadese gezelschap een aantal boompjes. Men wist bij het Kurhaus in Scheveningen nog een Canadese vlag op de kop te tikken. Op de achtergrond stonden de auto's van het gezelschap op de eerste meters van de weg in aanleg (nog geen asfalt) richting Dronten. Het stukje bos ligt tegen de Hanzeweg. Roggebotsluis linksboven. Recht vóór de dijk en rechts kwam de parkeerplaats. Het stukje weg waar het Canadees gezelschap de auto's plaatsten. Het eerste stukje weg in de polder.

De wegaanleg begon aanvankelijk maar moeizaam.

ZZW liet wegsloten graven, de grond daarvan kwam in de bermen. Plaatselijk waren er zanddepots gestort onder water. De meeste vlak bij één van de hoofdvaarten, zodat daar na de drooglegging ook verharding in depot gestort kon worden.

Die depots dienden voor de aanleg van de wegen (zand en verharding).

April 1958 was het werk in het bos gebeurd.

Ik kwam bij opzichter Palland terecht. Daar begon ik met het opschonen van trechters van greppels. Ook kwam ik weer op een wieltrekker. 's Morgens en 's avonds vervoer van het personeel over de zandbanen naar en van het werk. Nu lag het zand wel behoorlijk dik, maar een wagen vol personeel is behoorlijk zwaar en hier en daar kwam de bagger door het zand heen: vol gas is de remedie.

De ploegbaas Sjaak Feijen kwam naar me toe. "Toon," zei hij, "er moet drinkwater op de ontginningsbedrijven komen. Bij Roggebot staat een tankwagentje. Ga er met je trekker naar toe en vul het tankje met drinkwater (leidingwater vanuit Kampen). Doe er wat chloor in en vul de tankjes die op de ontginningsbedrijven in de romneyhutten zijn opgesteld." Zo reed ik die zomer het drinkwater over die zandbanen naar de romneyhutten.

Ik zag die zomer alle stadia van de ontginning. Het was een pracht job.

Er kwamen nieuwe voormaaiers om het koolzaad in het zwad te maaien voor het droogproces. Dit is heel wat anders dan het materiaal in de NOP. Hier doet de chauffeur alleen het werk en vlot. In de NOP waren drie man de hele dag bezig om het gewas over het doek naar het zwad te krijgen.

De nieuwe combines

Reeds in de NOP waren al proeven gedaan met combines met tanks.

Ene Karel de Ridder reed daar met een Claas. Een ruige maar zeer bekwame chauffeur.

Er liepen veel monteurs van de diverse fabrieken, ook veel mensen van de Technische Controle van de Dienst. Wat Karel wenste, kreeg hij voor elkaar. Zo is zo'n grote maatschappij vaak de kraamkamer van de technische vooruitgang. En wat is er mooier voor een fabriek dan een flinke rij nieuwe combines van hun zaak op weg naar de nieuwe polder. Betere reclame is er niet. Het heeft beide partijen geen windeieren opgeleverd.

Later zijn ook andere fabrieken aan bod gekomen. De combines op weg voor de koolzaadoogst Met de maaibalk om te maaien Met de pick-up voorop wordt het koolzaad (in zwad) opgepikt.

Het maaidorsen van het eerste graan (gezaaid tegen verstuiven van de zandgrond) met de Claas tankcombines. Met op de achtergrond Roggebotsluis, met de twee woningen van de sluiswachters. Het is langs de dijk richting Elburg.

Onze schaftwagen in Oost Flevoland. Dit is wat anders dan die oude, open schaftketen in de NOP. Een gastankje voorop en een kacheltje binnen. Mijn liefje, wat wil je nog meer.

De Bamse, de poldertaxi met Jeu Gielen. Er is altijd veel belangstelling geweest in Den Haag voor het Zuiderzeeproject. Dit resulteerde nogal eens aan een bezoek van hooggeplaatste mensen aan dit gebied. Vandaar die naam.

Deze trekker is zeer geschikt om in onbegaanbaar terrein te opereren.

De tekenkamer in Zwolle is de plaats waar de kaart van de polder gestalte kreeg. Wim Dekker was daar aan het werk.

De meetstoel:

vast punt vanaf kerktorens op het oude land. In Oost Flevoland stonden 9 meetstoelen.

Vanaf die meetstoelen werden vaste punten uitgemeten. Belangrijk voor het kadaster.

Een paar stoelen werden de vaste punten in de polder. Ongeveer 5 km voorbij Biddinghui zen richting Harderwijk langs de Hoge Vaart staat er nog een. Ze is aan de gemeente geschonken. De gemeente heeft een klein model op het gemeentehuis staan. Die vaste punten vanaf de Meetstoel worden aangegeven door lange palen gesteund door dwarsliggers.

Het kan een kruispunt van wegen zijn of het hart van een tocht.

Wim Dekker verhuisde van de tekenkamer in Zwolle naar de buitendienst en werd hoofd van de onderafdeling Landmeten. Hier moest hij in praktijk brengen wat hij op de tekenkamer had vastgelegd.

Hij had een Ratrac tot zijn beschikking, een vervoermiddel met zeer brede rupsen. Ook Wim Dekker had te maken met de belangstelling uit Den Haag. Zo was er eens een minister met gezelschap op een vrijdagmiddag waar Wim mee rondbanjerde in het gebied bij de Knardijk. Het meest ruige gedeelte. Na afloop nam de minister Wim terzijde en vroeg of hij de volgende dag met zijn zoon terug kon komen, die zou het wel leuk vinden. Wim kon wel een paar uur vrijmaken. Zo gebeurde. De zoon van de minister had de dag van zijn leven, vooral toen hij ook nog de stuurknuppels in handen kreeg. Het was zaak om Den Haag polder-minnend te houden, daar moest het geld vandaan komen.

In een tijdschrift uit '30 van de vorige eeuw stond eens een spotprent waarbij de minister-president aan de minister van Waterstaat vroeg: Wat zijn we nu aan het droogleggen: de schatkist of de polder?"

Bij de eerste begroting bij de drooglegging van de Wieringermeer deed Ir. Smeding 100 % bij het geschatte bedrag. Een goede greep want er moest nog veel geleerd worden.

Turfmolm werd met aangevoerd om boven op de gebakken buizen gedeponeerd voor het beter doorlaten van het water. Er lag ook een enorm depot van draineerbuizen en wat turfmolm, niet alleen bij Roggebotsluis, maar ook bij Het Spijk. Die opslag vereiste veel werk, maar er was ook veel breuk in de buizen. Men wilde graag van de gebakken buizen af. Met de draineermachines werd eerst nog met de gebakken buizen gewerkt, maar men ging al gauw over in draineren met de plastic buizen.

Kamp Ketelhaven

Tijdens de cursus landbouwkundig opzichter waren we hier gehuisvest. Aanvankelijk was er geen leidingwater. Het water werd toen aangevoerd met een tankwagen. Met toevoeging van chloor was het gezond te drinken, maar niet lekker.

In het museum en erbij opgegraven boten, deze schepen zijn nog in goede staat.

Bij opzichter Palland (in de buurt van Roggebot) kreeg ik order naar het Spijk te gaan. Daar stond een rupstrekker klaar. Ik moest met die trekker naar opzichter Bastiaansen in de buurt van het latere Biddinghuizen.

Op Het Spijk stond mijn rupstrekker, de TAF 15. We zouden een demonstratie moeten houden voor de pers. Deze trekkers zijn begonnen in de jaren '30 in de Wieringermeer. Oud en betrouwbaar. De TAF 15 had smalle rupsen, maar om de andere plaat was er een brede houten balk aan bevestigd, om de druk op de bodem te verminderen. De caterpillar op klompen, aldus Amerikaanse bronnen. Begeleid door een gids dook ik het riet in. Hier en daar lag er wel een spoor, maar normaal zat je tegen dat hoge riet aan te kijken. Vlak bij onze bestemming raakten we vast achter een onder water aangelegde zandbaan. We zijn eruit gekomen, maar de pers hebben we niet gezien. Trechters opschonen was ons deel.

Het ontginningsbedrijf lag tegen de Hoge Vaart aan, dus 's morgens en 's avonds was het lopen door het riet, ik denk een kilometer of vijf. Een bijzonder gebeuren, dat sjouwen door dat riet. Je moest ook wel de weg weten. Het gebeurde eens dat er een persoon verdwaald was. Later is ook daar de zandbaan doorgetrokken.

Ik kreeg daar orders om me te melden voor de cursus landbouwkundig opzichter.

De brief van de grote baas

Onderwerp: cursus

27 sept. 1958, In aansluiting aan het met u gevoerde gesprek op 13 september te Kampen nodigen wij u hierbij uit tot het volgen van een cursus.

De cursus bestaat uit een theoretisch en een praktisch gedeelte. Op de dagen dat er theoretisch lessen worden gegeven zal echter ook, gedurende de resterende werktijd, in groepsverband in het veld worden gewerkt, zodat wij u aanraden hiermede rekening te houden met het oog op uw kleding.

Er is een groep A en een groep B. Voor zover u tijdens de opleidingstijd niet in akkoordwerk wordt geplaatst, zal u het voor u geldende functieloon worden betaald.

Directie van de Wieringermeer (Noordoostpolderwerken)
Ir J. Duim

Ploegbaas G. Goosefoort, de man die ons leerde omgaan met het draineren, grondverzet, egaliseren en het uitrekenen hoeveel er verzet moest worden en voor welk tarief. Een uitstekend vakman maar met een moeilijke leerstof.

De cursus was geen makkie. De ene helft van de dag les in het gele gebouw in Roggebotsluis, de andere helft met de schop werken; draineren, grond egaliseren, greppels en sloten graven en alles in akkoord, door onszelf de kosten berekend en door Goosefoort nauwkeurig gecontroleerd. Het moet gezegd: het was een goede leermeester, maar de stof was wel erg taai. Daarnaast moesten we bekend raken met de sociale wetgeving. Elke leraar gaf zijn problemen. Nu had ik in mijn leven wel meer cursussen gevolgd, maar het examen na deze cursus vroeg nogal wat. Bij dit examen viel er maar één af. Dus dertien man werd als assistent-landbouwkundig opzichter in de functie van ploegbaas tewerkgesteld op de verschillende ontginningsbedrijven.

Ik zou ploegbaas worden bij opzichter J. Kuiper, onder Elburg. Vanuit Ketelhaven was dit te ver. Dus ik werd weer overgeplaatst naar kamp Nagele. Zo reed ik met de bus op en neer via Roggebotsluis op Elburg aan. Daar kreeg ik de eerste mensen in het loonboek. Het was wel wennen, maar ik had daar toch wel een goede tijd. Een tijdje daarna moest ik naar opzichter Van de Kolk.

Het was een echte leerschool. Daarna opzichter Bastiaansen dichtbij het latere Biddinghuizen. Na enige tijd deelde deze mij mede dat ik weer aan de schop moest bij opzichter van de Vegte. Hij liet wel blijken dat het met mij en Jeu Gielen, Jeu was gelijk met mij een jaar naar 'n pachter geweest, wel goed zat.

Van de Vegte, dat was dicht bij Dronten. Dus ik moest naar kamp Dronten. 16 juli 1959. Bij Van de Vegte moest ik kopakker-buizen leggen. De grond was nog als bagger, dus het spitte wel makkelijk. Het waren plastic buizen van 13 meter lang en 8 cm doorsnede. Het was in die bagger smerig werk en akkoordwerk, dus het was aanpoten. Ach, ik was het werk met de schop wel gewend. Ik kwam bij een collega van de cursus in het loonboek.

Dit duurde een tijdje tot we op een dag, allemaal op verschillen-de tijden in Roggebotsluis moesten zijn. Het ging erom spannen.

Toen ik vanuit kamp Dronten naar Roggebotsluis reed, kwam ik allemaal ontgoochelde jongens tegen. Ik was de eerste die aangesteld werd. Van de veertien bleven er maar zes over.

Ik moest het loonboek van mijn collega overnemen op dat bedrijf. Het gaat niet erg subtiel in een groot bedrijf. Gelukkig duurde dat niet zo lang en verhuisde ik naar opzichter Hilhorst.

Ik kreeg een uitnodiging om kennis te maken met de grote baas Ir. Prummel.

Op het afgesproken tijdstip was hij verhinderd. De honneurs werden waargenomen door Ir. Duym en Ir. De Boer. Een leuk gesprek.

Landbouwkundig opzichter R. Hilhorst

In Dronten waren ze net begonnen met het opspuiten van Dronten vanuit waar nu de havenkom ligt. Het kantoor van Hilhorst stond bij het einde van de (oud) Drontenweg, bij waar het tuincentrum de Boeg gestaan heeft. Je moest toen nog over een kort kaveltje lopen vóór je bij de opspuiting was. Er was geen verharding in het bedrijf, wel waren de wegbanen aangegeven van de Ansjovisweg, Rietweg en Roodbeenweg.

Ik kreeg er 30 man in het loonboek. Die zaten niet op een kluitje, het was lopen geblazen.

Hilhorst was een man van de vorige cursus landbouwkundig opzichters. Hij was als eerste opzichter aan de andere kant van de Hoge Vaart werkzaam. Het bedrijf had de naam de 4-H Ranch. Hemminga inspecteur, Hildebrand technisch opzichter, Haayer ontginningsopzichter en Hilhorst als landbouwkundig opzichter. Hij begon aan de Haringweg, maar verhuisde verderop de ontginning in, naar de toekomstige Ansjovisweg, Rietweg en Roodbeenweg. Daar kwam ik toen als ploegbaas. Vooral de eerste tijd liepen Hilhorst en ik samen het bedrijf over. Hilhorst kon met zijn lange benen lopen als een kievit, hij had ook als bijnaam 'de straaljager', maar daar had ik geen problemen mee, lopen kon ik ook wel.

Zo sjouwden we samen op en neer over de wegbanen van de Ansjovisweg, Rietweg en achter in het bedrijf de Roodbeenweg. Daar hadden we nog een hakselaar lopen om het riet te hakselen voor het uitzetten van de sloten, waardoor de draglines hun werk konden doen met sloten graven. Zo liepen we de hele dag langs de mensen die greppels trokken, trechters, opschoonden, greppels- en slootgrond egaliseerden, met de schijveneg aan het werk waren. Vaak ging ik alleen. Ik heb wat afgelopen.

Het werd najaar en vroeg donker. De mannen die in het donker over de zandopspuiting naar hert kamp moesten; daar was geen controle op. Vanuit het kantoor telde ik nauwkeurig de schimmen die over de zandopspuiting moesten

Daarvoor moesten ze over een kort kaveltje richting het kamp en over de zandopspuiting van Dronten waar ze toen mee bezig waren, naar waar nu De Kop van het Ruim is en wij sedert 2020 wonen en De Noord begint, daar doken ze weer de klei of liever het modderpad in naar het kamp. Vrijdagmiddag, betaaldag, liep ik op en neer naar het kamp om de loonzakjes op te halen. Bij het kantoor nam ik dan een trekker, zo kon ik net op tijd rond om de plastic loonzakjes kwijt te raken.

Nu staat er aan De Noord het beeld van het pioniersechtpaar. Uitziend over de prachtige De Noord, het modderpad van 1959. Een mooiere plaats is niet denkbaar. Hij trots, zij met een opkomend buikje. Het zaad is goed aangeslagen. Zij is het symbool van de vruchtbare polder.

Het ontginningsbedrijf aan de Botweg werd mij toegewezen, het was 450 ha groot.

Begin januari 1960 was ik voor de eerste keer op de vergadering van landbouwkundig opzichters met de inspecteur, technisch- en ontginningsopzichters. Voorlopig kreeg ik mijn kantoor op kavel M 46, op het bedrijf van mijn buurman Koops.

Zo gauw als de weg aangelegd was kwam het kantoor in ons eigen bedrijf te staan bij de tijdelijk geplaatste romneyhut op M 42.

Bij voorrang werd het stuk weg tussen de Palingweg en de Botweg aangelegd, niet alleen om ons bedrijf toegankelijker te maken. Het zanddepot op ons bedrijf was ook nodig voor de aanleg van de weg tussen de Palingweg naar Dronten.

Op een van de eerste vergaderingen kreeg ik van de inspecteur opdracht 600 ha riet te verbranden. Dit moest gebeuren vóór het broedseizoen van de vogels.

De directie had 600 ha rietgewas verkocht aan rietdekkers. Het oude riet moest geheel verbrand worden. Het land achter ons bedrijf was één aaneengesloten gebied riet. Hoe krijg je een scheiding tussen die 600 ha en de rest?

Dit had ik ook nog nooit bij de hand gehad, maar ja, er wordt verwacht dat de opzichter de orders van de inspecteur goed uitvoert.

Op een naar ik dacht geschikt weertype trokken een trekkerchauffeur met rupstrekker en ploeg en ik naar het startpunt, ongeveer 3 km van de Hoge Vaart, ongeveer waar nu de Rietweg ligt. Daar stonden we voor een rietmassa van 2 ½ á 3 meter hoog. We stonden haaks op de wegbaan en zagen voor ons een wolkje hangen in de lucht. De chauffeur moest maar op dat wolkje rijden, ik zou wel kijken of dat massale riet goed door de ploeg verwerkt werd.

Het ging wonderbaarlijk goed. Zo vier scharen heen. Er stak natuurlijk wel wat riet tussen de sneden uit. Maar ik dacht zo gaat het wel. Ongeveer 2 km verder maakten we een haakse bocht naar de Hoge Vaart en toen terug vier scharen geploegd. Er lag een drie meter brede strook geploegd. Zo op weg naar ons uitgangspunt staken we het riet aan, maar al gauw zagen we de eerste vonken over de geploegde sneden kruipen. We probeerden nog die vonken te doven, maar er was geen houden aan. We moesten maken dat we wegkwamen. Die dag en nacht brandde het gehele centrale gedeelte van de polder kaal, duizenden hectares riet. Ik kneep 'm wel, want wat staat er in dat riet? Misschien nog materiaal zoals draglines? Nooit een opmerking gehoord van mijn superieuren over deze uit de hand gelopen brand. Veertien dagen na de brand draaide een transportwagen met een Bamse en slee met uitzichttoren het erf op om die 600 ha uit te zetten. Ambtelijke molens draaien langzaam.

Waar was dat branden voor? Rietdekkers hadden veel interesse voor dit kwalitatief goede riet, maar ook de strokartonfabrieken wilden het als verpakkingsmateriaal. De Directie had elk jaar zo'n 4000 ha ontginning op het programma. Die rietmassa moesten ze kwijt vóór de ontginning uit. Bovendien als je een paar jaar niets doet aan het oude riet, dan verstikt het gewas, ook komt er dan veel vreterij in voor. Al met al er werd veel riet verbrand. Dit gaf echter problemen op het oude land. Het was niet het milieu wat problemen gaf, het was de was die te drogen hing en vuil werd door de roetdeeltjes. Er werd een technisch opzichter belast om dit probleem op te lossen. De KNMI werd ingeschakeld, ook Schiphol. Als de roetdeeltjes op een bepaalde hoogte komen, kunnen ze erg ver wegdrijven, net zoals het zand uit de Sahara hier terechtkomt.

Bij het bombardement van Rotterdam in mei 1940 dwarrelde verbrande papiersnippers bij ons neer, een afstand van dik 30 km.

Door eerst het riet met een rol te behandelen kwam er een andere rookontwikkeling. Maar een probleem bleef het.

Die zomer, vóór de oogst, ben ik verschillende keren op dat verbrande terrein wezen kijken. Op zo'n inspectie ontdekte ik de meetstoel langs de Hoge Vaart, 4 à 5 km achter Biddinghuizen. Het was me toen een raadsel wat de functie ervan was. Bij die stoel was het riet zover ik kon kijken verbrand. Wat een kale vlakte. Bij een inspectie later zag ik tussen dat jonge riet een groep reeën lopen. Een prachtig gezicht; vanaf de Veluwe over het grote randmeer en over de Hoge Vaart. Je verwacht dit niet. Het jaar nadat het riet geoogst was, werd er een tocht gegraven in dat gebied. Die tocht kwam ook op de kaart van ZZW (Zuiderzeewerken) te staan. Diep in het najaar vond de inspecteur dat alle bulldozers in de inspectie mooi die zanderige grond uiteen konden schuiven. Zo gebeurde het. We hadden daar zeven bulldozers lopen. De jongens hadden een mooi putje. Aan weerskanten van de tocht 40 meter uitschuiven. Het was zowat klaar, komt de technisch opzichter op het kantoor, rolde de kaart van ZZW uit en zei: "De Wit, op deze nieuwe kaart staat die tocht niet." Het was wel even stil, dat was nogal wat. Hij stelde voor de tocht aan te bieden voor het storten van vuil, zoals die bij Dronten. Maar die rommel in zo'n schone polder zagen we ook niet zitten. De ploegbaas Alfred Mulder zou dat gebied het jaar daarop als opzichter gaan beheren. Het is haast te gek, maar we stelden voor de bulldozers om te draaien en die tocht weer dicht te gooien. Daar wilde Hillebrand, de technisch opzichter, aanvankelijk niets van weten. Maar we hielden aan. Tenslotte beloofde hij het voorstel bij de inspecteur te verdedigen. Laat in de avond ging de mobilofoon: het was goed.

De inspecteur zal wel overlegd hebben met de hoofdinspecteur, en die met Zuiderzeewerken, wat de bedoeling was van die tocht.

Ik denk dat Zuiderzeewerken moeite heeft gehad met de waterscheiding tussen de Hoge en de Lage Vaart. Het verschil is 1 meter. Na het graven van twee tochten (een bij Dronten en dan deze bij Biddinghuizen) is men waarschijnlijk tot de conclusie gekomen dat de waterloop anders moest. Die bij Dronten is vol met vuil gestort. Die vergissing, daar moest letterlijk en figuurlijk 'zand over'.

Als een strook grond die voor 2/3de deel uit zand (ondergrond) en hooguit 1/3^{e} deel klei (bovenlaag – 1 meter) gemengd is, wordt het een zeer zanderige bouwlaag. Zeer afwijkend van de rest van de kavel. Er is een boek geschreven over 'de eigengereide doeners'.

Dat boek heb ik niet gelezen, maar de titel spreekt mij wel aan.

De eerste kerkgebouwen in Dronten.

De barak in kamp Dronten waar de eerste erediensten plaats vonden. De deur gaf toegang tot een portaaltje met links en rechts een deur naar een kamer; de ene voor de katholieken, de andere voor de protestantse gelovigen. Met 'n dun houten wandje ertussen klonken de psalmen en de Latijnse gezangen wel wat door elkaar. Tezamen omhoog naar de Heer. De eerste kerkelijke voorgangers waren goed bevriend met elkaar.

Bernardus Kardinaal Alfrink

door de genade Gods en de gunst van de Apostolische Stoel Aartsbisschop van Utrecht aan de gelovigen van Oostelijk Flevoland: Genade en Vrede.

Overwegende dat het voor het zielenheil der gelovigen van Oostelijk Flevoland wenselijk is, dat aldaar een nieuwe parochie wordt opgericht, hebben wij met naleving van de kerkelijke voorschriften in deze besloten, gelijke wij bij deze doen, om tot oprichting van een nieuwe parochie over te gaan, en aldus te bepalen als volgt:

1. Er wordt te Dronten een nieuwe parochie opgericht onder de titel van de H. Ludgerus.
2. De grenzen van de parochie Dronten vallen samen met de grenzen van de polder Oostelijk Flevoland.
3. De parochie van de H. Ludgerus te Dronten zal behoren tot het Dekenaat Harderwijk.
4. Zij zal een parochie amovibilis zijn.
5. Tot parochiekerk verheffen wij de bestaande kapel van het kamp Dronten.

Allen die binnen de grenzen van de polder Oostelijk Flevoland wonen, verklaren wij met ingang van maandag 13 juni 1960 te behoren tot de parochie van de H. Ludgerus te Dronten, met aankleve van al de rechten en plichten daaruit voortvloeiende.

De Aartsbisschop van Utrecht **Bernardus Kardinaal Alfrink.**
Dit besluit zal op zondag 12 juni in de kapellen van Oostelijk
Flevoland onder alle vastgestelde H.H. Missen worden voorge-
lezen en op maandag 13 juni dav. in werking treden.
Gegeven te Utrecht, 4 juni 1960.

Kamp Dronten

De kantine van kamp Dronten in 1959. Het hart van de activiteiten in de beginperiode.
De afstandenkaart
De bewoners uit kamp Dronten en Elburg gingen allen op
de fiets naar het werk. Daar werd een vergoeding voor gegeven,
daar diende deze kaart voor. Elk wit en elk zwart balkje is een
halve km. Zo is het voor de ploegbaas makkelijk uit te rekenen
wat de totale afstandsvergoeding was.

Een artikel in de krant:
Plotseling houdt de weg bij Biddinghuizen op. Een auto is tot
het uiterste puntje doorgereden. Op de achtergrond de polder.
Een man zwaaide van dit punt uit met zijn arm in de verte; daar
ergens komt Biddinghuizen.
(Dat moet ik geweest zijn met mijn eendje). Onze lelijke eend
Direct links kwam onze tijdelijke romneyhut en kantoor, later
de vlasschuur. 20 Meter terug rechts de Botweg met later onze
woning en schuren, links de T-kruising, hier kwam de boerderij
van E. Tijdens, nu het houtverwerkingsbedrijf van de Werken.
Achter aan het kanaal lag ook een groot zanddepot, met het
zand daarvan is de weg Biddinghuizen –Dronten aangelegd.
Onze romneyhut op M 42. Bij tijdelijke voorzieningen is licht
materiaal een logische keus. Deze romneyhut heeft er niet lang
gestaan. Toen de schuren klaar waren aan de Botweg werden ze
weer afgebroken en kwam er de vlasschuur. Ons kantoor, eerst
gestaan op een kavel bij opzichter Koops. Daarna hier op M 42.

Toen de woning en schuren klaar waren kwam ze bij de woning
te staan. De antenne op de wagen is voor de mobilofoon.

Er was nog geen telefoon.

Botweg 11 in de ontginning.

De vlasschuur. Inspecteur Ir. Van Kampen kwam eens langs, hij
zei dat er een vlasschuur moest komen op M 44. Daar reden nog
volop auto's met zand en verharding voor wegen in de buurt. Ik
opperde dat het mogelijk een probleem zou worden bij de oogst.

Ik stelde voor om het geval op de plek van de romneyhut te
laten plaatsen. De romneyhut op M 42 zou toch binnenkort
afgebroken worden. Zo geschiedde.

Het was een Vlaamse vlasser Frans van de gebroeders Lauwers
uit Wielsbeke. Waarom wilden ze hier een vlasschuur? In de
zomer is het transport naar Vlaanderen vrij duur. Dus besloten ze in de polder op te slaan en als ze het vlas nodig hebben
in Wielsbeke, van het goedkopere vervoerstarief te profiteren.
Dit is de enige vlasschuur geweest in de polder. Ik had de foto
ook graag in mijn boek 'Wanneer de polder vonken slaat' willen
hebben, maar de drukker vond de kwaliteit niet goed. In die tijd
had ik geen fototoestel, jammer.

Het ontginnings-, bouw- en uitgifteplan van de polder was
ieder jaar zo'n 5000 ha ontginnen. Het bouwplan varieerde wel
wat, maar dit was de richtlijn.

Gre was nog nooit in de polder geweest, er was ook weinig
moois te zien. Maar het moest er toch eens van komen. Voorjaar
1960 dacht ik, zo rond april, dan is het weer wat vriendelijker en
komt het eerste koolzaad mogelijk in de bloei. Dus samen een datum geprikt. Maar het was dat weekend bar en boos. Een ijskoude
wind waaide over die kale polder. Mijn ploegbaas had een auto, die
zorgde voor het vervoer naar het bedrijf. Daar was weinig te zien.
Kantoor en romneyhut op M 42, de Botweg en boerderij in aanleg.
Het was duidelijk geen rozentuin. De aarde was woest en ledig in de

letterlijke zin van betekenis. Ik bewonder haar nog dat ze desondanks doorgezet heeft. De vrouwen waren meer pionier dan de mannen.

10 september 1960 trouwden wij in Hazerswoude. Zo uit een druk gezin naar de kale leegte. Bewonderswaardig.

Onze tijdelijke woning in Roggebotsluis, Buitenweg 9

De pioniersvrouw

Zo stond zij daar met in haar hart nog steeds
het heimwee naar familie, dorp en vrinden.
Het oude land, waar zij van jongs af reed
geborgenheid en liefde wist te vinden.
Zo stond zij daar en staarde over het land.
Het nieuwe land; een plaats om te ontginnen.
Toen zei hij zacht haar naam en nam haar hand,
en samen gingen zij hun woning binnen
Zo was zij daar en maakte van haar huis
een bron van rust, een haard, een onderkomen.
En schiep zij in dit nieuwe land een thuis.
Een bakermat voor wat nog eens zou komen.

Hans de Bondt. Uit: 'Het polderland om lief te hebben'.

Het bestuur van de Aarts Diocesane Boeren- en Tuindersbond (A.B.T.B.) te Roggebotsluis

Nel en Rom Graumans; Jo en Rinus van Arendonk; Annie en Alfred Mulder; Gre en Anton de Wit; Atie Kuys, Pastoor Eysink en Louis Kuys. Bij alle vergaderingen nog een trip naar Haarzuilen.

Toen we in kamp Nagele lagen en Oostelijk Flevoland droog begon te vallen zaten de boerenjongens al te filosoferen over hoe het in de nieuwe polder moest gaan. Alle boerenorganisaties bij elkaar was de gedachte. Echter toen de polder droog was, bleek de weerbarstige werkelijkheid. De grote organisaties op het oude land waren er fel tegen.

De polders kwamen wat dit betreft te vroeg. En buiten die organisaties lukt het niet. Zo zaten we in de nieuwe polder vast aan het oude recept.

De Aarts Diocesane Bond van boeren en tuinders in Flevoland is opgericht in 1958 in Elburg door de Elburger groep. Toen Roggebotsluis klaarkwam, is ze verplaatst naar Roggebotsluis. In die tijd hebben we veel vergaderd. We hebben ook veel overleg gepleegd met de A.B.T.B. in de NOP

In 1962/1963 zouden ook de eerste pachters komen. Dan moet er wel geregeld worden hoe dat allemaal moest gaan. Veel overleg gepleegd met Arnhem (de Centrale Aan- en Verkoopvereniging). Die wilden wel helpen, maar ze waren ook geen Sinterklaas.

Het is doorgegaan. De oprichting van de C.A.V.V. van de A.B.T.B (Aan- en Verkoopvereniging). Vóór de eerste boer bekend was, was er een investering gepleegd van 1 ½ miljoen. Onvoorstelbaar. En dat door mannen die geen enkele zekerheid hadden of ze een boerenbedrijf zouden kunnen pachten.

Inventarisatie.

Elk jaar in januari zijn in het hele bedrijf twee dagen bestemd om de inventaris van het bedrijf te tellen. Daar zijn lijsten voor die secuur ingevuld moeten worden.

Op het ontginningsbedrijf legt de magazijnknecht het klein materiaal overzichtelijk in het magazijn. Een collega-opzichter komt dit en het groot materiaal controleren. De dag daarop moet de opzichter wiens materiaal al geteld is bij een andere opzichter controleren. Een heel goede methode om te zien waar al het materiaal ligt. De technisch opzichter weet wat de plannen zijn voor het komende jaar en kan daar een verdeling van materiaal en personeel voor opstellen. De werkplaats en de magazijnen worden ook geteld, voor bijvoorbeeld de combines en voormaaiers, wagens, schaftwagens. Er is ontzettend veel materiaal. Je moet dan ook weten waar het is. Met de inventarisatiedagen zijn ze al begonnen in de Wieringermeer, een voortreffelijke methode.

Machine	Aantal
BOLINDER MUNKTEL	12
Hanomag, rupstrekker	40
Caterpillar D6 rupstrekker	21
Fordson Dexta wieltrekker	17
Greppelfrezen Demag	6
Draineermachines	6
Hakselmachines	11
Ploegen trekker	270
Schijfploegen	27
Schijfeggen	48
Cultivatoren trekker	132
Kunstmeststrooiers	52
Caterpillar D 4 rupstrekker	65
Fordson County	10
FORDSON Major Diesel	130
Greppelploegen	8
Schuifborden	34
Diepploegen	8
Paarden, paardenploeg	28
Spitmachines	5
Kantploegen schijf	12
Cultivatoren paard	52
Zaaimachines	50
Eggen, lichte, zware, Zigzag	1130

De oude methode van draineren. De hele NOP is zo gedraineerd met de schop. Drainage in de bestaande greppels met gebakken buizen.

Daar is wel vakmanschap voor nodig om vooral de laatste steek precies op hoogte te krijgen. Daarvoor zicht de laatste man over zichtlatten. Over de buizen werd in de NOP turfstrooisel gegooid, dit voor de doorlatendheid.

Maar het werd toen ook al machinaal geprobeerd.

Jaap Dieleman op de eerste draineermachine. De DD (draineermachine)

Daar waren nogal wat problemen mee.

Ze stond meer op de werkplaats dan in het veld. Haar aanduiding was DD, van draineermachine. Ze had al gauw de bijnaam 'Dure Dirk'.

Alle begin is moeilijk. De ontwikkeling is razendsnel gegaan. Deze machine, maar ook latere versies werkten met gebakken buizen. Het was maar even, maar toen die voorraad op was, was het al plastic. In Oostelijk Flevoland is er haast geen schop meer aan te pas gekomen. Het moderne draineren.

De geboorte van onze zoon Hans

3 Maart 1962.
Te Roggebotsluis
In het Openbaar Lichaam Zuidelijke IJsselmeerpolders.

Gre had het naar haar zin in Roggebotsluis
In de herfst van 1962 was onze woning klaar aan de Botweg op het ontginningsbedrijf. Nu waren opeens haar naaste buren op 4 á 5 km afstand. Dit was een enorme overgang. Het was vlak voor de koude winter van 1962/1963
De koude winter van 1962/1963. De winter van Reinier Paping.
Op de vlakte en in de rimboe, de wind zo uit de Noordpool. Enkel een kolenkachel. Geen isolatie, de keuken op de noordkant. Hoe kunnen ze het verzinnen! Bar en boos, arme Gre. Personeel 3 maanden met vorstverlet, enkel de melkboer Zoet

en de postman van de Dienst; verder zag je niemand. Altijd een schop in onze auto wegens sneeuwduinen op de weg.

Het was met recht de barre winter van '62–'63. Het was pionieren voor Gre.

Bedrijfsvergroting

Zolang we aan het ontginningsterrein met riet woonden, had ik het toezicht erover. Onze ploegbaas Alfred Mulder nam het aansluitend ontginningsbedrijf onder zijn beheer, toen werd het wel erg rustig op ons bedrijf. Vooral vóór de oogstperiode was praktisch al het personeel in de ontginning bezig. Zelfs de ploegbaas kon je kwijtraken. Dan moest ik weer het loonboek opvatten om onze magazijnknecht en soms nog een man in het loonboek te zetten.

Al langer was er sprake van om de ontginningsbedrijven te vergroten. Kavels en machines worden groter, aantal personeelsleden kleiner. Bij grotere bedrijven is er één nadeel, je komt als gezin nog eenzamer te zitten. Dus de landbouwkundig opzichter moest ook in het dorp komen wonen, geen woning meer bij het bedrijf. Waar blijft dan het toezicht in het weekend?

Inspecteur Ir. van Kampen kwam eens langs, hij begon er over. Hij vertelde dat B. Gewald aan de Rietweg een ander ontginningsbedrijf zou krijgen, ik moest dat bedrijf er bijnemen. Bedrijf M 11 werd haast 100 % groter, dik 900 ha.

Aan de Rietweg reikte het bedrijf tot aan Dronten. Het was wel een stuk fietsen, maar goed te doen.

Dit was het begin van de bedrijfsvergrotingen in de ontginning, maar dat het in Zuidelijk Flevoland tot 2000 ha groot zou gaan, had ik nooit kunnen dromen.

Op het bedrijf aan de Rietweg lagen drie bijzondere kavels.

Een kavel gediepploegd. Hierbij werd de ondergrond met veel verslagen veen (detritus) bovengebracht. Een kavel het zand uit de ondergrond gezogen (dus bezand) en **een** kavel niets aangedaan.

Men wilde zien wat de effecten waren bij bewerking en het oogsten. Bij de uitgifte van onze kavels wieltrekker zijn deze drie kavels naar proefbedrijf 'De Schreef' gegaan aan de Roodbeenweg. De grond in het centrale deel van de polder is pittig zwaar. Dit type grond vind je alleen in het centrale gedeelte van Oost Flevoland en in Zuidelijk Flevoland. Bewerking en oogsten worden met de tijd moeilijker.

Met een groter bedrijf kan het in de zomer behoorlijk druk zijn. Eenmaal liepen er achttien combines op het bedrijf; bij elke zes combines een ploegbaas, die zorgde ook voor de afvoer van het gedorste graan. Ach, als het droog, oogstbaar weer is, is er geen vuiltje aan de lucht. Maar als het regenachtig weer is, wordt het moeilijk de mannen aan het werk te houden.

De combinechauffeurs kregen dan ruim de tijd voor de verpleging van de combines. Die moeten straks weer goed draaien. Maar de transporteurs kwamen vlot aan de schop in de sloot. Het is altijd moeilijk; in de ontginning zijn ze druk bezig met ontginnen en het land klaarmaken voor de zaai van koolzaad en de mannen in de oogst staan bij regenachtig weer aan de schop, terwijl de nieuwe chauffeurs met de trekkers van de combinechauffeurs draaien in de ontginning.

Wij hadden een moeilijk bedrijf, met veel wegen. Zo betrapte hoofdinspecteur Ir. Prummel een aantal mannen. Zij waren aan het schoonmaken van de slootbodem langs de weg. Zij stonden met vier man te praten. Prummel vroeg wat ze aan het doen waren. Een van die mannen legde uit dat ze net aan het overleggen waren hoe ze het karwei zouden aanpakken. Prummel had wel schik in die reactie, maar ik kreeg op de volgende vergadering van mijn inspecteur het advies om meer controle uit te oefenen.

De Caterpillar-rupstrekkers begonnen al vóór de oorlog in de ontginning van de Wieringermeer. In de NOP zijn er een aantal andere types bijgekocht, maar de oude Caterpillar bleef rijden. Echter, rupstrekkers zijn duur in het onderhoud, onder meer de bussen in de rupsen. Maar vooral de mechanisatie veranderde zeer snel.

Moderne werktuigen voor en achter aan de trekker; dat kan wel met de moderne wieltrekker, maar niet zo makkelijk aan 'n rupstrekker. Bovendien de af- en aanvoer van producten vond plaats met grotere wagens, de afstanden werden ook groter. Dus toch grotere wieltrekkers. Als ze ook geschikt zijn om te ploegen, is het plaatje compleet.

Om dit laatste aspect te beproeven, werd bij ons op een kavel geploegd met meerdere zwaardere wieltrekkers en 'n rupstrekker D 4. De Technische Controle (later Operationeel Onderzoek) hield de capaciteit bij, alsmede de kwaliteit van het ploegwerk en de spoordruk in de ondergrond. Toen ze bij ons een kavel geploegd hadden, vertrokken ze naar het bedrijf van Mulder, om de proef voort te zetten. Ik was gematigd positief. De controlerende Dienst moet ook positief geweest zijn, want veel van de rupstrekkers verdwenen uit de polder. Er kwam wel wat moois voor terug.

Ik heb weleens op zo'n zware wieltrekker gezeten, het is net een slagschip. Zo banden met een ietwat lagere druk op de banden, dan is ze tot veel instaat. Maar ze kreeg veel concurrentie van andere types. En ze moest het afleggen tegen modernere wieltrekkers.

Op ons ontginningsbedrijf zijn veel granaten gevonden. Soms waren ze wat beschadigd aan de kop. Dan is het wel uitkijken. De trekkerchauffeurs die granaten vonden, legden ze op de kopakker. De ploegbaas of ik legde ze aan de kant van de weg en plaatste er waarschuwingsborden bij. In de omgeving van de Knardijk vond men kleinere (Franse) granaten. De opruimingsdienst waarschuwde af te blijven van dit type, ze waren levensgevaarlijk.

Het waren de Duitsers die oefenden met kanonnen vanaf de Veluwe het IJsselmeer in.

Ons gebied was kennelijk mikpunt. Die Franse granaten hadden de Duitsers buitgemaakt op de Franse troepen in Zeeland. Ook dat was kennelijk oefenmateriaal.

Een V 1 gevonden in Zuidelijk Flevoland.

Toen het klusje geklaard was kreeg de chauffeur van de kraan een week vakantie. Het was best wel een gevaarlijke opruiming.

Zo was een chauffeur op een naburig bedrijf eens aan het lostrekken van de grond. Hij stootte op een stuk ijzer. Hij sleepte het naar de kopakker. De opzichter zat er wat met een mes aan te peuteren, maar hij vertrouwde het niet en waarschuwde de mijnopruimingsdienst. Het bleek een zeemijn te zijn. De ontsteking was zo verroest; men kon het geval niet onschadelijk maken. Met iedereen op grote afstand hebben ze de mijn laten ontploffen. Je vraag je af: hoe komt zo'n zeemijn uit de eerste wereldoorlog zo ver in de Zuiderzee. Zo vonden we ook een helm met een piek erop, kennelijk van een Duits soldaat ook uit die oorlog.

Ergens waren ze aan het draineren toen het graafmechanisme vastliep door een stuk ijzer. Met een hamer hebben ze het eruit geslagen. Later bleek het een tankmijn te zijn. En dan had je nog de vliegtuigen met of zonder bommen, maar altijd met bewapening. Het is een wonder dat het altijd goed gegaan is.

Over vliegtuigen gesproken: ik was pas ploegbaas bij H. van de Kolk aan de wegbaan van de latere Alikruikweg. Ik had mannen in het loonboek die trechters (overgang greppel naar kopakkerbuis) aan het opschonen waren. Daar kan je niet de hele dag bij staan, dus ik liep het nabijgelegen rietveld in. Daar doolde ik wat rond toen ik een neuswiel van een neergestort vliegtuig (ik dacht van een jager) zag dat omhoogstak tussen het riet. De band stond nog op spanning, hoewel het er al 15 tot 20 jaar heeft moeten liggen. Later bleken het de resten van een van onder water gedeeltelijk geruimde bommenwerper te zijn. Bij het ruimen van deze resten werd nog een lijk gevonden. Al gauw verhuisde ik naar een ander bedrijf. Later heeft men een mooi symbool van vliegtuigen geplaatst bij elke kavel waar een vliegtuig neergestort was.

Er zijn veel vliegtuigwrakken opgeruimd op het IJsselmeer na de oorlog.

Het IJsselmeer is tijdens de oorlog het graf geworden van menig vliegenier.

Bomscherven. Aluminium afgeschoten en hulzen van boord-
geschut. Er heeft zich boven het IJsselmeer veel afgespeeld.

Scheepswrakken

Kogels uit de 80-jarige oorlog met Spanje. Waarschijnlijk gebruikt
tijdens de zeeslag met Bossu. De grote weegt 10 kg. Die moet
afkomstig zijn geweest van een Spaans galjoen.

De kleine is waarschijnlijk afkomstig van een schip van de
Watergeuzen (vissersschepen).

Het is wel bijzonder dat boven onze grond deze oorlog ten
goede is gekeerd. Het werd het keerpunt in de 80-jarige oorlog.
Er zijn 435 wrakken gevonden in de IJsselmeerpolders. Ook bij
de scheepswrakken is vóór aan de kavel – op elke kavel waar een
wrak gevonden is – een symbool geplaatst.

We hebben op 900 ha ontginning geploegd, maar nooit een
schip gevonden. Ja, wel eens wat drijfhout, maar verder niet.

Wie schetst onze verbazing dat op onze huiskavel M 11 een
schip gevonden is door de pachter. Ondanks het feit dat er maar
een kleipakket is van zo'n dikke meter hebben wij het niet gevonden. Het lag precies midden tussen twee greppels in de lengte en
uit elkaar geslagen. Het was een schip met bijzondere vondsten.
Meerdere colfen werden er aangetroffen. Het kreeg ook de naam
van 'het colfschip'.

Ook op M 7 werd later een schip gevonden, evenals in de
R-sectie aan de Rietweg. Greppels graven was onze diepste bewerking. Greppels lagen in het centrum van de polder vrij ver
uit elkaar, raak je het wrak in de ontginning niet, dan heb je
weinig kans het nog te vinden. Door de vele wrakken was het
niet mogelijk om die op tijd te ruimen. Wordt het blootgesteld
aan zuurstof dan gaat de kwaliteit van het hout snel achteruit,
daar werd het wrak afgedekt met plastic en grond, zodat het
regenwater het wrak nathoudt.

Bij Nijkerk zijn ook scheepswrakken als bouwpakket begraven onder water. Om als men later tijd heeft het wrak verder te onderzoeken. Het was in die tijd een drukbevaren binnenzee.

Vondsten tijdens het werk

Verschillende soorten netverzwaarders.

Stenen uit de ijstijd, die vooral in de buurt van keileemgebieden voorkomen.

Zij werden door vissers gebruikt om de kabel met het net tussen twee vissersschepen laag te houden. Vaak zal de spanning te groot geweest zijn zodat de kabel brak. Zij werden vrij algemeen gevonden in de polders.

Loden gewichtjes voor onder visnetten, gevonden bij een boven de bagger uitstekend wrak.

Netverzwaarders zijn gevonden bij scheepswrakken die deels boven de modder uitstaken. Als een visnet dat een wrak raakte, koste het zulke gewichten.

Dit soort materiaal werd door de chauffeurs op hun slee met brandstofvaten gegooid. De man die hen brandstof bracht, nam het mee naar de boerderij.

De kettingen zijn naar het museum gegaan.

Pijpenkoppen door vissers overboord gegooid na het breken van de vaak lange steel aan het mondstuk.

Na 14 jaar zwalken over die pas drooggevallen grond heb ik er veel gevonden. Het leuke is dat op het hieltje van zo'n pijpje de plaats van het maken staat.

De as van een vierbladige, ijzeren schroef, gevonden tijdens het ploegen op ons eigen bedrijf aan de Elandweg. Grote vraag is door welke oorzaak die bladen er afgeslagen zijn.

Museum Ketelhaven had er geen belangstelling voor. Jammer. **De Zuiderzee heeft een boeiende geschiedenis.**

De geboorte van onze dochter Trudy

21 Januari 1965
  Botweg 11
  In het Openbaar Lichaam Zuidelijke IJsselmeerpolders.

Elke pionier had zijn eigen verhaal

Personeel dat al in de Wieringermeer in dienst was van de ontginningsmaatschappij en mee overgingen naar de NOP en daarna nog naar Oost-Flevoland. Het kon niet uitblijven, daar kwamen jubilarissen van. De Dienst was maar wat blij met dit trouwe en bekwame personeel. Allen die 25 jaar en zeker 40 jaar in dienst waren werden in het zonnetje gezet. Daar werd een dag voor uitgetrokken met een huldiging, een feestmaal en een prachtig bord van Makkumer aardewerk met erop 25 of 40 jaar, of een schilderij.

Nederland mag trots zijn op deze mannen, maar ook de vrouwen die steeds meegingen naar plaatsen waar niets geen vertier was en waar de gemeenschap nog opgebouwd moest worden.

Ook bij een groep getrouwen noem ik er een: Giel van Zuylen. Samen met mij in de polder gekomen in 1951. Ook boer willen worden, geen kans. Bij de Dienst gebleven zoals zo velen, 40 jaar lang. Zulke mannen kon je eropuit sturen: het werk kwam altijd goed.

Griep, een kleine mannetje. Al het gedorste koolzaad en graan in de NOP werd in zakken naar het centraal magazijn gebracht. Hij reed op 'n Dodge-vrachtauto. In de zomer koolzaad en graan van het veld. In de winter graan van de dorskasten. Zijn rug moet naar de knoppen zijn gegaan. 40 Jaar trouwe dienst. De laatste werkzame jaren was hij chauffeur van Ir. Prummel, de hoofddirecteur. Het tekende de grote baas.

De Pionier. Toen ik in de polder kwam in 1951 waren pioniers de mannen die onder de oorlog al in de ontginning gewerkt hadden. Wij waren gewoon werkers. Maar als je de geschiedenis nagaat; mensen die al bij het droogvallen van de Wieringermeer begonnen met het zogeheten pionieren. Die met de Directie mee naar de NOP kwamen, Oostelijk Flevoland en zo mogelijk Zuidelijk Flevoland vóór ze hun 40 jaar vol hadden. Ook mensen die tussentijds instapten, maar ook hun 25 of 40 jaar vol maakten met het boetseren als kunstenaars van die moeilijke materie 'de bagger'. Die zo ongeweten werkten, polder na polder na polder, aan die droom van de dichter, Hans de Bondt. Die bagger maakten tot vruchtbare aarde waar het goed wonen is. Ik denk, toen Willem Blink ijverde voor dit standbeeld in Dronten, dat hij deze groep voor ogen had. De vele ongenoemden, maar o zo belangrijken. Het zijn deze mannen die met hun vrouwen de ruggegraat waren van het groot ontginningsbedrijf.

Pachter bij de Domeinen

Ik werd pachter op een akkerbouwbedrijf in Oostelijk Flevoland.
    Na 14 jaren in de ontginning gewerkt te hebben, begonnen wij aan een nieuwe uitdaging, een eigen akkerbouwbedrijf. Wat zal de toekomst brengen?

Een brief van de Rijksdienst voor de IJsselmeerpolders:
Toewijzing akkerbouwbedrijf.
Hierbij deel ik U mede, dat de minister van Financiën mij heeft gemachtigd aan U het akkerbouw bedrijf H 106 toe te wijzen.
De pachttermijn gaat in voor de gebouwen op 1 mei 1966 en voor de grond op 1 november 1965.

Een brief van de minister van Verkeer en Waterstaat:
Met ingang van 1 november 1965 is aan A.J. de Wit, geboren 3 november 1927, op zijn verzoek eervol ontslag verleend als landbouwkundig opzichter bij de Rijksdienst van de IJsselmeerpolders in vaste dienst ter standplaats Oostelijk Flevoland.
De Minister voornoemd

Elandweg H 106, grond die bij een westenstorm in januari 1958 nog onder water lag. Met recht Eland 'weg uit het water'.

De woning in aanbouw. De schuur moet nog gebouwd worden. Vóór half december 1965 was de bebouwing klaar. Kerstmis 1965 zaten we op ons eigen bedrijf. Het werd weer pionieren; nu op kavel H 106, Elandweg 11.

Mijmeren over wat is geweest

In 1951 ben ik in de polder gekomen. Begonnen met het hokken van tarwe, daarna 'n jaar magazijnknecht, vervolgens paardenboer, wieltrekkerchauffeur, rupstrekkerchauffeur, combinechauffeur, duvelstoejager op het bedrijf. Een jaar naar 'n pachter, daarna weer van alles gedaan. In Oost Flevoland begonnen met boompjes planten, naar de cursus landbouwkundig opzichter, ploegbaas en vijf jaar opzichter geweest. Ik heb wel veel moeten leren in de polder. Deze veertien jaar zijn fascinerend geweest.

In februari 2003 kreeg ik een telefoontje. Iemand vroeg of ik Toon de Wit was. Op een bevestiging mijnerzijds vroeg hij weer "Toon de Wit van de Botweg?" Ik begon te lachen en zei: 'Man, dat is ver verleden tijd, dat is veertig jaar geleden." Het bleek Jan van Dijk te zijn uit Heerde. Begin jaren '60 had hij een paar jaar bij ons op het ontginningsbedrijf gewerkt. Het was een drukke prater voor de telefoon. Ik vroeg hem eens op de koffie te komen. Dat wilde hij graag, hij reed toch vaak door de polder.

Op een mooie middag in maart wilden wij na de koffie net een eindje gaan fietsen, werd er aangebeld. Jan van Dijk op de motor. Ik herinnerde me hem nog als een spichtige jongen, niet verlegen met de mond. Nu, 71 jaar oud, behoorlijk uitgedijd, naar later bleek met wat lichamelijke gebreken. Het was bijzonder leuk om iemand na zoveel jaar weer te spreken. Hij werkte op ons bedrijf van '61 tot '63. Hij kwam toen ook al met de motor. Maar in '63 kwam kamp Biddinghuizen klaar. Hij had toen de keus van de werkleiding: of met de bus alle dagen op en neer, of in kamp Biddinghuizen. Dat lokte hem niet. Hij nam ontslag. Ik hoefde niet veel te zeggen, hij was steeds aan het woord over die tijd aan de Botweg in de jaren '60. Die paar jaar hadden veel indruk op hem gemaakt. Met enthousiasme praatte hij over het werk met de trekker. Hoe hij met de greppelfrees achter de trekker al de greppels op het bedrijf opschoonde.

Bij grote drukte kon je wel 40–50 man op het bedrijf hebben, maar als het op andere bedrijven druk was, had je soms maar een paar man over. Het moet in zo'n slappe tijd geweest zijn dat hij orders kreeg van de ploegbaas om met een 8 meter brede zaaimachine op een kavel een groenbemesting (hopperups) te zaaien door de tarwe. De ploegbaas en de opzichter (ik dan) stonden achter op de zaaimachine. Hij moet hem geknepen hebben als een oude dief. Hij had nooit gezaaid en dan met zo'n brede machine. Prompt moet het verkeerd zijn gegaan. Op de kopakker maakte hij bij het draaien een te grote bocht en belandde met het buitenste wiel in de slootkanten. Hij wilde stoppen, maar hij moest doorrijden van de baas, zo kwam het wiel weer boven. Hij kreeg toen door dat het binnenste wiel op de kopakker op de plek moest draaien. Ook recht rijden was belangrijk.

Toen hij dat zo vertelde begon ik te beseffen dat je als opzichter op zo'n bedrijf wel bezig was, maar te weinig dacht aan de problemen van het personeel. Er was weinig personeel, het materiaal moest draaien. Dan moest het maar iemand doen die nog geen ervaring had. De ervaring kwam vanzelf wel. Hij wist dit voorval na veertig jaar nog haarscherp te vertellen.

Ik besefte toen ook dat in die vijf jaar als opzichter dingen gebeurd zijn, die je in zo'n hectische tijd gewoon vergeet. Zo herinnerde ik mij nu dat ik op een vrijdagmiddagvergadering van opzichters van de inspecteur opdracht kreeg met de sociaal voorman (Witpeerd) naar een van onze medewerkers thuis te gaan. Er waren klachten binnen gekomen dat hij zijn vrouw mishandelde. Op zich is het wel een goed initiatief, maar de resultaten zijn natuurlijk averecht. Zonder dit geval te vermelden, vroeg ik langs mijn neus weg aan Van Dijk hoe het huwelijk was tussen die twee. "Die vrouw is knettergek," zei Van Dijk, hij schopte haar weleens, maar dat was niets bijzonders. 40 Jaar zo'n behandeling en je zou knettergek worden.

Al de namen van de zogeheten Oldebroekers gingen die middag over tafel. Niet meer van de oude generatie die ook in de NOP kwam met de bus, maar toch de meesten ook met een klein boerenbedrijf thuis, dat niet genoeg opleverde om rond te komen. Als er werk was, moest het materiaal lopen bij mij. Zo herinner ik mij nu dat er tijdens het combinen een volontair op het bedrijf werd geplaatst. Een Oegandees. De jongen sprak de Franse taal en aangezien mijn ploegbaas ook de Franse taal machtig was, kwam hij bij ons. Eerst lieten we hem maar wat bij de combines tijdens de verpleging van de machines 's morgens. Maar er stond nog een rupstrekker stil en daar kon hij nog mooi mee werken. Ik dacht aan cultivateren. Daar was hij een tijdje mee bezig, maar dat was hem niet naar de zin. Op een avond stapte hij naar de inspecteur om te klagen dat hij te weinig leerde. Die week raakten we hem kwijt. Wat zulke dingen betreft, had ik toen een te weinig vooruitziende blik.

Begin jaren '60 was de ondergrond op het bedrijf nog als bagger zo blauw. De draagkracht was ook minimaal. Zo kon het gebeuren dat bij het afploegen van een kavel de trekker wegzakte tot op de buik. Een trekker hiervoor, maar die raakte ook vast. Zo ook een derde. Ik was onderhand geattendeerd op het spektakel. Nu hadden we een lange staalkabel op het bedrijf, overgebleven van een dragline. Een vierde trekker op de dam en een voor een de trekkers eruit gesleurd. De laatste trekker met de ploeg kwam er ook uit, door middel van de lange kabel. Ik stond aan de overkant van de sloot om het sein te geven wanneer de trekkers moesten gaan trekken. Dat moest wel gelijk gebeuren. Het was een ravage op die plek. Maar je staat er versteld van hoe snel die jonge grond zich herstelt. Het waren wel dure uren.

Bij de crematie van B. Gewald in 2003 ontmoette ik nog veel oude makkers uit de tijd bij de Dienst, zoals Frans Engwerda, mijn laatste ploegbaas, technisch opzichters Hildebrand en Geertsema,

twee rasechte polderpioniers. Het was gewoon leuk om hen nog
'n keer te spreken. Hildebrand wist nog ons bedrijfsnummer: M
1. Hij heeft toch niet zoveel problemen met mij gehad?

We worden allen ouder en dan heb je de neiging om terug te
kijken op die dingen die belangrijk waren en waar je met anderen
ook de ervaring mee deelt.

In Dronten woonde een krasse 85-jarige, Gerrit Schootuiterkamp.
Ik wist dat hij een van de eerste pachters was in de NOP. Op mijn
vraag hoe en waarom hij in de polder gekomen was begon hij
uitvoerig daarover te praten.

De polder viel in 1941 droog. De directie had vakbekwaam
personeel nodig, daarvoor schreef ze middelbare landbouwscho-
len aan om interesse te ontwikkelen bij de leerlingen. Ze liet
ook doorschemeren dat er bij de uitgifte van bedrijven rekening
gehouden zou worden met de tijd dat men daadwerkelijk hielp
met de ontginning van de polder. Dit sloeg aan, een oudere broer
van Gerrit was leerling op de school in Raalte en meldde zich
aan. Maar Gerrit wilde ook wel. Via de directeur van de school
kwam hij ook op die lijst te staan. Op 21 juni 1941 begon hij op
jonge leeftijd aan zijn polderjaren.

Werkkampen waren er nog niet, hij kreeg huisvesting in
Vollenhove. Zijn eerste werk was het egaliseren van tochtgrond
om er het eerste kamp op te bouwen. Greppels graven en werken bij de kartering. (Dit is een onderdeel van de Dienst die de
samenstelling van de bodem onderzoekt en die adviezen geeft
over begreppeling en drainage).

Die beruchte november 1944 lag hij in kamp de Voorst en
was paardenknecht. Daarom moest hij een half uur eerder op
het werk zijn om de paarden te voeren. Hij zag in de verte de
Duitsers naderen en kroop weg in een bult stro. Daar bleef hij
die dag en nacht. Hij ontsnapte naar het oude land. Na de oorlog
kwam hij terug in de polder. In 1951 (hetzelfde jaar dat ik in de
polder kwam) pachtte hij een gemengd bedrijf dat hij in 1962
inruilde voor een akkerbouwbedrijf in Oost Flevoland. Na afloop van het gesprek kwam hij met een rolletje foto's aandragen.

En dan Ko van der Waal, ofwel ome Ko zoals zijn personeel
hem in zijn afwezigheid betitelde. Toen ik in 1951 in de NOP
kwam, was hij bij Nagele landbouwkundig opzichter. In Oost
Flevoland nam hij het gedeelte van ons ontginningsbedrijf aan
de Rietweg over, toen wij pachter werden. Een rijzige gestalte
die ontzag afdwong. Vele jaren later kwam ik hem regelmatig
tegen bij de bakker in Dronten. Hij was rentenierend met zijn
vrouw in een aanleunwoning van het bejaardentehuis. Hij was
inmiddels 85 jaar.

Ik was druk bezig met mijn geschiedenis en bij één van die
ontmoetingen vroeg ik hem of ik met hem kon komen praten
over die oude tijd. Hij nodigde mij direct uit. Maar ja, een mens
kan druk zijn en er verliepen enige weken toen ik hem weer
tegenkwam bij de bakker. "Ik vraag niet meer, maar nu weet ik
het nog goed, maar ik word wel een dagje ouder." Toen direct
maar een afspraak gemaakt.

In de Regenboog (het bejaardenhuis) aangekomen, ontmoette ik
eerst broeder Kamphuis, vroeger werkzaam bij de Geneeskundige
Dienst van de Directie en toen ook woonachtig in Roggebotsluis.
Hij was nog maar zes weken woonachtig in de Regenboog. Even
een praatje over het wel en wee. Toen kwam ik Gienus Koops en
zijn vrouw Bertha tegen (onze buurman in de ontginning van
Oost Flevoland). Ook daar een praatje mee gemaakt. Zodoende
was ik wat laat bij de familie Van de Waal. Enfin, hij nodigde mij
hartelijk uit binnen te komen. Bij een bakje koffie kwamen we
al gauw bij het doel van mijn gesprek. Het was mij duidelijk dat
mevr. van de Waal al die jaren in de ontginning van de polders
het gebeuren op de voet gevolgd heeft.

Van der Waal wilde in zijn jonge jaren boer worden. Hij kwam
uit de Betuwe, de familie was van boerenafkomst, maar zijn
vader was dominee. In 1942 reageerde hij net als ik negen jaar
later, op een advertentie van de Directie. Ook hij kwam aan de
schop te staan, maar promoveerde al gauw tot ploegbaas en
kwam in 1943 als landbouwkundig opzichter op een ontginningsbedrijf. De eerste van een reeks van tien bedrijven, vanaf

NOP en Oost Flevoland tot Zuid Flevoland. In totaal moet dat 7000 ha geweest zijn.

Vooral de oorlogsjaren hadden diepe indruk gemaakt op hen beiden. Bij de grote razzia in '43 werd ook hij afgevoerd, maar al gauw als onmisbaar weer naar de polder teruggebracht. Smakelijk vertelden beiden over hun ervaringen uit die tijd. Over het vorderen van de paarden en de komst van de ossen. Over een feest in Emmeloord met een os aan het spit. De rupstrekkers die zonder brandstof kwamen te staan, maar met hout aan het draaien werden gehouden. Opzichter Grommers had het beheer over het ontginningsbedrijf aan de ene kant van Schokland, maar had ook het beheer aan de andere zijde (ontginning). Toen Van de Waal opzichter werd van dat ontginningsbedrijf aan de andere zijde, begaven beide heren zich naar de hoogte van Schokland waarbij Grommers de woorden uitsprak: "Hierbij draag ik je het beheer over van de ontginning tussen Schokland en Urk." (Tussen beide vroegere eilanden was slechts ruigte en riet.) Bij het afscheid zei Van de Waal nog: "De Wit, je moet gauw terugkomen, dit is maar het begin. Ik zoek het een en ander op, dan bel ik je nog wel." Kort daarop kreeg hij een hersenbloeding en overleed hij. Spijtig dat ik zo traag gereageerd heb.

Op de begrafenis van Geert Goosefoort, onze grote leermeester tijdens de cursus landbouwkundig opzichter, werden herinneringen opgehaald uit de oude tijd. Jan Rommens verhaalde van zijn zwager in Tollebeek. Deze was trekkerchauffeur bij de Directie, vele malen gesolliciteerd bij de verpachtingen. Uiteindelijk kreeg hij een kippenbedrijf in Tollebeek. Op zijn sterfbed vertelde hij de bedienende pastoor hoe het falen zijn hele leven beheerst had. Boer worden op een mooi akkerbouwbedrijf was altijd zijn droom.

Aan tafel schoof aan Hille Siemensma. Op mijn vraag hoe lang hij bij de Directie gewerkt had, zei hij: "Veertig jaar, in de Wieringermeer begonnen op een staatsbedrijf. In 1942 bij de Directie in de NOP. In sloten en greppels gewerkt. Het was een hard leven."

Toen de uitgiften daar waren, werd bepaald dat de pioniers die vanaf augustus 1942 een bepaald aantal jaren bij de Directie hadden gewerkt, voorrang kregen bij de uitgifte. Siemensma was een maand te laat. Bij elkaar solliciteerde hij acht keer. Steeds kwam hij bij de grote baas Lindenbergh aan tafel. Steeds kreeg hij een afwijzing. Inschrijving op een kleiner bedrijf hielp ook niet. "Je maakt het me wel moeilijk," zei Lindenbergh.

Met dat ideaal in de polder gekomen, 40 jaar in de prut aan de schop gestaan in sloten en greppels. De ontberingen in de oorlog in de werkkampen, het gesjouw in de oogst en dan afgerekend te worden op een maand.

Bij de pensionering van Lindenbergh stapte Siemensma ook in de rij om hem de hand te drukken, maar ook om te vragen waarom hij niet. Dat kon Lindenbergh op dat moment niet hebben en zei: "Siemensma, ga zitten en neem een kopje koffie, ik kom zo naar je toe." Hij kwam ook en verklaarde dat de politiek hem dwong dat laatste bedrijf toe te wijzen aan iemand die weg moest voor stadsuitbreiding. "Maar U had er nog 500," zei Siemensma. Het punt is dat er zeer veel boerenjongens via het werken bij de Directie een bedrijf hoopten te bemachtigen en Domeinen kon niet iedereen boer maken. Vooral niet toen van het oude land veel belangstelling kwam voor de polders.

"Maar de heren waren machtig," zo vertelde Jo Borm, boer en mede-Elandbewoner. Als Ir. Prummel bij hen in de buurt kwam tijdens het graven van greppels, liepen zij steeds met het idee van "Pas op, die man kan je maken en breken."

Op de sportschool ontmoet ik vaak iemand die de z'n jeugdjaren in Oud- Dronten had doorgebracht. Zijn vader was verbonden aan het opleidingscentrum. Diens vader had het in de crisisjaren voor de oorlog als akkerbouwer niet kunnen bolwerken en was failliet gegaan. Hij was naar de polder gekomen om via een bedrijf in de polder het agrarisch bestaan voort te zetten. Maar hij werd afgewezen. Ondanks het feit dat hij bij het opleidingscentrum een goede baan had, bleef het aan hem knagen. Hij had gefaald in zijn streven.

Rutger Kuiper, collega-opzichter, vertelde eens: de bedrijfswoning was nog niet klaar en ik lag nog in het kamp bij twee magazijnknechten. De een op het bedrijf van opzichter Grommers, de ander bij opzichter Van Liere. Als opzichter ver van de gemeenschap, mag je een koe, 'n varken en zo'n vijftien konijnen en kippen houden. Dit laatste liep nogal eens uit de hand. Hoofdinspecteur Prummel besloot dat eens te controleren. Hij begon bij Van Liere. Natuurlijk te veel kleinvee. 's Avonds hoorde de magazijnknecht van Grommers dit. De volgende morgen was hij voor dag en dauw op het bedrijf en stopte een groot aantal kippen en konijnen in een kas achter de schuur. En jawel, halfweg de morgen kwam de auto van Prummel het erf oprijden. Na wat uitwisseling van gegevens over het bedrijf informeerde Prummel naar het wel en wee van het kleinvee en stelde hij voor het ook eens te bezien. O jee, dacht Grommers, dat is foute boel. In de schuur aangekomen zag Prummel tot zijn genoegen, maar tot Grommers grote verbazing dat alles in orde was. Toen Prummel weg was, vroeg Grommers aan de magazijnknecht hoe hij dat gelapt had. Dit ging in Gronings dialect, wat moeilijk te vertalen is. Het behoeft geen betoog dat om deze gebeurtenis veel gelachen is.

Gerrit den Brave verhaalt over het wel en wee van Jan Rommens. Over het eentonige eten op de kamer, het werken in de prut, het schaften in de open keten; dat was vooral bij kou en regen een bezoeking. Maar ook het maaien van sloten met de zeis en dat tussen de gewassen bij grote hitte. Zijn promotie naar paardenknecht, wieltrekkerchauffeur, rupstrekkerchauffeur en combinechauffeur. Hij trouwde met zijn Cor en kwam met een aantal andere gezinnen in Elburg te wonen. Vandaar begon voor hem de ontginning van de polder tot hij een bedrijf pachtte.

Gerrit den Brave vertelt in 'De Vriendenkring' ook kleine stukjes van mijn verhaal. Bij de inleiding van het tijdschrift stond: "Gerrit den Brave raakte aan de praat met pionier Anton de Wit." Voor de historie van Flevoland zijn dit soort verhalen van groot belang.

Het boekje lag thuis op de tafel. Onze kleinzoon Michal zat het verhaal te lezen. Hij vroeg schuchter aan Gre: "Oma, waar is dat boekje te koop, ik wil er een werkstuk van maken voor school, opdat de profetische woorden van Jenny Schilt in vervulling zouden gaan!!!!!"

Dit behoeft wel een toelichting. In 1998 volgde ik een computercursus bij het ROC in Lelystad. Na afloop van de cursus informeerde ik bij de lerares (Jenny Schilt) naar een vervolg. Er volgde een leuk gesprek en zoals zo vaak in de polder kwam de vraag: "Waar kom je vandaan?" Zij kwam uit Marknesse, haar vader kwam uit Drenthe, wilde boer worden, maar werd afgewezen. Dit had ik al zo vaak gehoord in de polder. Ik kon de teleurstelling wel aanvoelen. Plotseling zei ze: "Waarom zet je jouw ervaring in de polders niet op de computer. Je kan nu met Word overweg." Ik lachte maar wat, het leek mij niets. Bij het afscheid zei ze nogmaals: "Toon, doe het voor je kleinkinderen." Dit laatste heeft uiteindelijk de doorslag gegeven. En dan hoor je deze vraag van je kleinkind. Dan springt er een vonk over. Het behoeft geen betoog dat ik alle moeite heb gedaan om hem de nodige gegevens toe te spelen. Wat er van het werkstuk is terecht gekomen, weet ik niet, maar zo'n vonkje moet je koesteren.

Dr. Pruntel van Nieuwland Erfgoedcentrum vroeg Rutger Kuiper en mijn persoontje of hij ons wat vragen mocht stellen over die zogenaamde pionierstijd. Na overleg stemden wij toe. Twee à drie uur stelde hij vragen en liet ons vertellen. Dit werd op een bandje opgenomen. Het gesprek ging hoofdzakelijk over de eerste tijd in Oost Flevoland. Wat er mee gebeurt weet ik niet, maar het ligt wel vast. Mensen van onze leeftijd met die ervaring sterven uit.

Toen de eerste pachters in Nagele kwamen, werd de A.B.T.B. Nagele opgericht. Daar werden de meeste katholieke boerenjongens bij de Directie ook lid van. Wij verhuisden naar de nieuwe polder Oost-Flevoland, maar bij het 25-jarig bestaan van de vereniging in Nagele werden we ook uitgenodigd voor het feest. Leuk om die mensen weer te zien na al die tijd.

De tijd ging verder, maar bij het veertigjarig bestaan kregen we weer een uitnodiging. Het zou een feest worden met een

bijzonder tintje. Het was ook gelijk het einde van de A.B.T.B.
Ze ging over in de algemene overkoepelende standsorganisatie.

We zagen bij deze gelegenheid maar enkele bekenden. De
meeste leden met hun vrouwen waren ons onbekend. Vele be-
ginners waren gestorven. Ik aarzelde wel even, ik ben niet zo'n
spreker, maar ik kon het niet laten. Ik verhaalde van de goede
band die er was tussen de kampjongens en de pachters. Ik be-
schreef de situatie waaronder de kampjongens het land klaar
gemaakt hebben voor hun ouders en de tegenwoordige pachters.
Na afloop kwam iemand naar mij toe en zei: "Je stond mijn verhaal te vertellen." Hij had de tranen in zijn ogen. Jaren bij de
Directie gewerkt, geen kans om boer te worden in de polder. Is
toen maar varkens gaan houden op het oude land. De varkens
kwamen hem de strot uit. Als ik dit zo lees, besef ik dat we oud
worden, maar het leven is wel boeiend geweest.

In 1965 ben ik uit de Dienst vertrokken, maar de ontwikkeling hield ik nauwgezet bij. Zo had ik alle maandbladen die de
mannen ontvingen. Eerst Cultuurrijp, later toen de Dienst op-
ging in het grote geheel 'Rijkswaterstaat' werd het Waterwijzer.
Ik zag die ontwikkeling. De kavels werden groter. Ook de ontginningsbedrijven, het materiaal het modernste wat er was, de
behandeling van het personeel. Het maakte mij trots dat ik er
veertien jaar aan meegewerkt heb.

Ik vond het prachtig dat ik in 2018 een verslag mocht maken
vóór in het Boerderijenboek van Nagele over het ontginnings-
gebeuren rond Nagele en dat ik het eerste exemplaar mocht
ontvangen. Geschiedenis moet doorgegeven worden.

Zuidelijk Flevoland.

En zo lag voor de vierde keer een enorme vlakte klaar om in cultuur gebracht te worden. Een onbegaanbare en onoverzichtelijke
moddervlakte. Een verschil met Oostelijk Flevoland was het
tijdstip dat men aan de klus begon. Door de watersnoodramp in

1953 kwam Oostelijk Flevoland een jaar te laat klaar, de overgang was niet vloeiend voor de werkgelegenheid. Bij Roggebotsluis in Oostelijk Flevoland was het wel zanderig. Zo gauw als dit droogviel begon men er met de ontginning, ook met het oog op verstuiving. Dit deel was echter niet zo groot, al snel zaten ze in de blauwe modder met de nodige problemen.

Met Zuidelijk Flevoland was het anders. In Oostelijk Flevoland tegen de Knardijk lag nog veel land om geschikt te maken voor de uitgifte. Daar had men aanvankelijk de handen aan vol. Het in Zuidelijk Flevoland gezaaide riet had daardoor meer tijd zich te ontwikkelen dan in Oostelijk Flevoland, daardoor was er meer draagkracht en meer tijd voor het opdrogen van de grond.

De vierde polder. Tijd om naar de plannen te kijken voor de toekomst. Maar ook een terugblik naar waarom en hoe het gegaan is en de verschillende omstandigheden tijdens de ontginningen.

In de Wieringermeer moest veel geleerd worden. Men probeerde al wat met de proefpolder Andijk, maar in de Wieringermeer kwamen ze nog voor veel problemen. Er moest veel leergeld betaald worden. Er werden ook nogal wat scheepswrakken gevonden. Dat werd gezien als hinderlijk, ze werden dan ook zonder meer opgeruimd. Pas in de Noordoostpolder zag men het belang van de wrakken voor de geschiedenis van dit gebied. Het was dhr. van der Heide die hierbij baanbrekend werk gedaan heeft.

In de Noordoostpolder plukte men de vruchten van het werk in de Wieringermeer. Ondanks de problemen tijdens de oorlog ging men zoveel mogelijk op dezelfde voet verder, ook met hetzelfde materiaal. Trekkers, ploegen en zaalmachines. Na de oorlog kwamen al gauw een 30-tal combines (Marshallhulp), die uiteindelijk het graan binderen overbodig maakten.

De hele Noordoostpolder is nog met de schop gedraineerd.

Wel probeerde de Dienst in de Noordoostpolder op het laatst moderne machines en trekkers uit, met het oog op de nieuwe polder Oost-Flevoland.

De grote baas, Prummel, zei eens dat Oost-Flevoland een polder zou worden zonder schop. Dit heeft hij niet waar kunnen maken, maar in Oost-Flevoland is wel de overgang geweest naar de totale mechanisatie.

Het opleidingscentrum in Emmeloord, later in Dronten, heeft een grote rol gespeeld bij het vakmanschap van de mannen. Het grote probleem ontstaat bij de oogst. De vele combines moesten dan bemand worden door ervaren combinechauffeurs. Deze werden gehaald uit de rupstrekkerchauffeurs. Deze trekkers waren in de ontginning echter bezig om grond klaar te maken voor de inzaai van koolzaad. Daar werden dan wieltrekkerchauffeurs op gezet die pas opgeleid waren. Wieltrekkers waren ook nodig voor het transport van de oogst naar het magazijn en drogerij. Het opleidingscentrum was voor het goed functioneren van het hele bedrijf van zeer grote waarde.

Mannen die in de Noordoostpolder alleen in de drainage werkten, werden in Oostelijk Flevoland ingeschakeld in de mechanisatie. Zij die dat niet machtig waren, werden specialist grondwerker. Er is altijd wel grondwerk in zo'n organisatie. En specialisten waren het. De Directie heeft bij het ontginnen van de laatste polders zoveel mogelijk gemechaniseerd. Het resultaat was dat in Zuidelijk Flevoland veel minder personeel nodig was bij de ontginning. In 1958 waren er 3000 arbeiders, tien jaar later maar 900.

Vroeger voerden de Oost-Indiëvaarders in die lijn vanuit Amsterdam op Urk aan om daar af te buigen naar het noorden. Het is het diepste gedeelte van Zuiderzee. Bij het droogvallen van Zuidelijk Flevoland bleef in dat gebied veel water staan. Riet dat met vliegtuig of helikopter werd gezaaid, slaat niet aan in het water. Het werd een prachtige plaats voor vogels. Dit was niet meer weg te denken. Een prachtig natuurgebied was geboren, daar waar industrie gepland was.

Plannen worden gemaakt, vaak moet men tussentijds veranderingen aan brengen. Zo waren er nogal wat dorpen gepland in Oostelijk Flevoland, net als in de Noordoostpolder en de Wieringermeer.

Biddinghuizen en Swifterbant zijn geplaatst zoals het plan was. Er zouden er nog een paar komen in het westelijke gedeelte, namelijk Zeewolde en Larsen. Dit is niet doorgegaan. De auto werd gemeengoed en de arbeiders kwamen in de dorpen te wonen, anders dan in de Noordoostpolder. Afstanden waren niet meer zo belangrijk. Ook in de landbouw veranderde enorm veel. In de Wieringermeer waren tegen de zin van de Directie nog zeer kleine landbouwbedrijven, In de Noordoostpolder Polder waren de kleinsten 18 ha. In Oostelijk Flevoland waren de kavels groter nl 30 ha. Het ging meer om bedrijven van 30 en 45 ha. Bij uitgiften, op het laatst in het westelijke gedeelte, werden de bedrijven al 50 tot 60 ha. Dit is in Zuidelijk Flevoland zo voortgezet. Het waren aanvankelijk allemaal pachtbedrijven, hierbij waren de Domeinen eigenaar van gronden en gebouwen. In de tijd dat in Oostelijk Flevoland begonnen werd met uitgifte van bedrijven, werd er al uitgegeven in erfpacht. Hierbij was de grond nog in eigendom van de Domeinen, maar de gebouwen moest de erfpachter zelf bouwen of overnemen van de Domeinen. Erfpacht was aanvankelijk altijddurend, later werd dit voor veertig jaar. Ook werd er steeds meer landbouwbedrijven verkocht door de Domeinen.

Sluiting van de dijk rond Zuidelijk Flevoland in 1966

De situatie op 8 april 1968

Het was een enorme prestatie van het gemaal op de dijk 'De Blocq van Kuffeler' met zijn vier pompen om in zeven maanden het karwei te klaren.

Met de Piper Super Cub rietzaad zaaien op de onbegaanbare en onafzienbare drooggevallen baggervlakte boven Zuidelijk Flevoland.

14 mei 1968

De pers, radio, en tv-mensen brachten op 13 februari 1968 voor het eerst een bezoek aan de drooggevallen grond.

Vondsten in de modder

Het eerste wrakhout komt boven water.

Een Zuiderzeebotter met een machtig verleden. Helaas, het is verleden tijd.

De motor van een vliegend fort waarmee Duitsland werd bestookt vanuit Engeland. De Zuiderzee werd gebruikt als bekende plaats in de route voor de vliegeniers.

Tijdens het greppelstrekken vond men een stuk ijzer dat op vliegtuigresten leek. Deskundigen ontdekten dat het een Duitse zeemijn was uit de eerste wereldoorlog met ongeveer 750 kg springstof. Het was te gevaarlijk om het te demonteren. Ze is ter plaatse tot ontploffing gebracht. Er ontstond een enorm gat.

Vissers probeerden tot op het laatst de vissen te vangen. Deze vissen werden op een kleiner gebied samengedrongen. Plaatselijk waren ze voor het opscheppen.

Lelystad is gebouwd in een moerasgebied. Het was in de beginjaren voor Lelystad zeer belangrijk dat de Directie al zijn ambtenaren liet verhuizen vanuit Zwolle en Kampen naar Lelystad. Voor een arbeider onder stamnummer leek het heel gewoon dat hij kwam te wonen op een kale vlakte zonder de noodzakelijke voorzieningen. Maar toen die ambtenaren dat overkwam zullen ze wel even hebben moeten slikken.

Met de Markerwaard mee zou Lelystad het centrale punt zijn van de vier polders. Het was toen niet de verwachting dat de Markerwaard niet door zou gaan.

Voor de bouw van de dorpen en vooral later de steden is wel veel kennis en visie nodig. Op het oude land groeit een plaats vanuit het verleden; dat is een normale ontwikkeling. Hier moet gebouwd worden op een toekomstverwachting.

In 1963 kwam de Rijksdienst onder nieuwe leiding. Dr. Ir. Otto. De doelstelling werd ook anders. Dichter bij het centrum van Nederland werd landbouw minder belangrijk. Opvang van bewoningsvraagstukken (woningbouw, industrie, natuur, recreatie en bossen) werden belangrijker.

Als ik als oud-werknemer uit de Noordoostpolder en Oostelijk Flevoland de mannen op die moderne machines zie rijden, die als ze bij avond moeten overwerken in de oogst, waarbij ze warm eten kregen opgediend, dan moet ik denken uit de tijd van de jaren vijftig op mijn Fordje in de Noordoostpolder. Bieten transport over de Zuidwesterringweg, Kareldoormanweg en Domineesweg naar Urk, wekenlang en in bittere kou. Het trekkertje, zonder bekleding. Als je geluk had was er bij overwerk in de oogst 's avonds nog warm eten in het kamp. Wat is er veel veranderd.

Oostelijk Flevoland werd in **juni 1957** droog verklaard. Echter, in januari 1958 sloeg bij een westerstorm bij Ketelhaven en Elburg het water nog tegen de dijk.

Voor Zuidelijk Flevoland was in **mei 1968** het tijdstip van officiële droogverklaring, maar in het laagste gedeelte, daar waar vroeger de Oost-Indiëvaarders oostwaarts voeren, bleef nog veel water staan.

De ontginning

Een romneyhut en kantoor op wielen, zoals ook in Oostelijk Flevoland. Het beginpunt van de ontginning. De romneyhut bleef, het kantoor werd wat luxueuzer.

De arbeiders op weg naar hun werk. In het begin waren er geen wegen. Met trekker en wagen werd geprobeerd het vervoer te regelen. Maar er werd veel, heel veel gelopen om op het werk te komen

Riet branden

De Dienst stond steeds in contact met het KNMI om op de hoogte te blijven van de windrichting en sterkte. Ook de inversie speelde een rol. Was het weer voor zweefvliegtuigen dan was het geen weer om riet te verbranden.

Ook hier de rietrol. Door het 3-meter-hoge riet eerst te rollen voor het in brand gestoken wordt, krijg je minder rookontwikkeling waar bewoners op het oude land last van hebben.

Als het riet verbrand is, wordt met een schijfegge de eerste grondbewerking verricht.

Een lichte grondbewerking is voldoende, dieper is het nog te veel bagger.

Het probleem als je te vroeg gaat ploegen, is dat de ploegscharen de ploeg de grond in trekt

De ontginning in Zuidelijk Flevoland begon toen men nog het idee had dat daarna ook de Markerwaard drooggelegd zou worden. Hoe verder in de tijd, hoe onzekerder dat werd. Voor zo'n grote maatschappij is het wel bijzonder moeilijk om te plannen met deze onzekere situatie. Daarbij kwam ook voor de Dienst dat alles in Oostelijk Flevoland overgedragen moest worden aan het gewone burgerlijk bestuur. Tezamen een enorme prestatie.

De bouw van dorpen en vooral steden vraagt veel visie en aandacht. Met de drooglegging van Zuidelijk Flevoland kon men een grote overloop vanuit het westen van Nederland verwachten. Dat begon al bij de bouw van Lelystad. Naast Zeewolde, dat aanvankelijk in Oostelijk Flevoland gebouwd zou worden, moest ook een grote stad gebouwd worden. Het is Almere geworden. Wat zullen er een plannen gemaakt zijn. Het is niet alleen de bouw van woningen, er moet ook werkgelegenheid zijn. Daarbij kwam de vraag: komt er een treinverbinding, zo ja, waar komt ze te liggen? Hoe is het met de ontwikkeling van de wegen?

De ontginning en exploitatie van de gronden rond Lelystad en bij de Knardijk gingen nog door, maar in Zuidelijk Flevoland was men in 1970 ook al begonnen. De planning voor dat komende jaar van de Landbouwkundige Hoofdafdeling: ontginning van 3200 ha rietmoeras, aanleg van 1100 km greppels. Grondverbetering van 800 ha, het inplanten van 400 ha bos, de inrichting van diverse natuur- en recreatieparken, de aanleg van plantsoenen en parken in de woonkernen. Daarbij komt het onderhoud van 4000 ha bos en de exploitatie van het 18 000 ha grote landbouwbedrijf met 4200 ha koolzaad, 4800 ha wintertarwe, 3900 ha zomergerst, 1500 ha haver, 1800 ha luzerne, 1000 ha vlas, 750 ha erwten en 600 ha graszaad. Tel daarbij het onderhoud van het materiaal, administratie, verkoop en inkoop. Daarbij is te denken aan brandstof, zaaizaad, kunstmest, drainagemateriaal, aankoop machines en werktuigen, enzovoorts. Het is enorm wat er zo omgaat. En dan de planning voor de bouw van Zeewolde, maar vooral Almere.

In 1976 was de uitgifte van landbouwbedrijven in Oostelijk Flevoland voltooid. Er bleven rond Lelystad nog een aantal kavels in eigen beheer van de Dienst voor de uitbreiding van Lelystad

De Ontginningsbedrijf-indeling in 1972 – Rond de Knardijk

In Oostelijk Flevoland: B 72: J. Klein Swormink; C 49: W. Blink; D 32: F. Duistermaat; D 43: J. Kuipers; E 38: J. Bendijk; V 39: H. Minderhoud; W 26: Q v d Weele.

In Zuidelijk Flevoland:

JZ 20: M. Koops; MZ 9: P v d Meer; QZ 23: J. Oortwijn; PZ 7: B. Gewald; NZ 40: H. Engberts; FZ 59: T. Palland.

Ter onderscheiding met Oostelijk Flevoland is een Z voor Zuidelijk Flevoland toegevoegd aan de ontginningsnaam

De dikke streep tussen de bedrijven JZ 20 en D 43 is de scheiding tussen de twee polders: de Knardijk.

Terwijl men nog ontginningsbedrijven had in Oostelijk Flevoland (C 49, D 32, D 43, E 38, V 39 en F 51) werd begonnen langs het Gooi-, Eem-, en Veluwe-meer met de bedrijven FZ 59, NZ 40, PZ 7 en QZ 23.

Het lijkt of de hele polder al klaar is. Dit is op de kaart wel het geval, maar dat zijn de plannen. De bedrijven JZ 20 en MZ 9 liggen nog totaal in de ontginning, terwijl de bedrijven langs het water al deels in exploitatie en deels ontginning plaatsvindt. Waar geen indeling van bedrijven is aangegeven, is het nog moeras en riet.

Het probleem was: hoe groot moeten de bedrijven worden? De laatste bedrijven in Oostelijk Flevoland waren gemiddeld al 60 ha. Daar waren de kavels 300 meter breed en 1000 meter lang. In Zuidelijk Flevoland was de breedte 500 meter en de lengte 1200 meter, dus kavels van 60 ha. Met grotere breedte heb je minder sloten te graven. En met grotere lengte minder tochten en wegen. Per saldo is de vergroting gunstig voor de ontwikkelingskosten dus goedkoper. In het centrum is men tot 1700 meter diepe kavels gegaan. Dit gaf toch zijn problemen.

Ontginning, dat wil zeggen: riet rollen en verbranden, wegaanleg, sloten graven, slootgrond egaliseren, greppels graven, greppelgrond egaliseren, kopakkerbuizen trekken tussen greppel en sloot, grond bewerken en klaarmaken voor inzaai van koolzaad of wintertarwe.

De uitvoerende maatregelen zijn in **1970** vooral gericht op de verdere afwatering, ontsluiting en ontginning. De eerste bosaanplant moet ook daar beginnen, evenals het zo spoedig mogelijk uitgeven van agrarische bedrijven. Dit om de plaats Zeewolde de kans te geven zich te ontwikkelen. Zeewolde moet een plaats worden van 15 tot 30 000 inwoners. Gelegen aan het water zou recreatie een belangrijk punt zijn, en dan nog Almere als grote stad voor de overloop uit vooral Amsterdam. Maar verbinding naar het westen was nog minimaal. Er moest nog veel veranderen. Onzekerheid van alle kanten.

In 1974 lag 2500 ha in greppels en gedeeltelijk ingezaaid met een cultuurgewas in een strook tussen Zeewolde en Huizen om een korte verbinding te krijgen met het Gooi en Nijkerk.

Bij het jaaroverzicht van 1974 keek Dr.Ir. W. Otto terug op het afgelopen jaar en hij keek vooruit naar het komende jaar. Hoe op een rietmoeras Lelystad opgebouwd werd en de problemen bij de vorming van een gemeente.

1974 – Lelystad was aanvankelijk de belangrijkste groeikern van de overloop van Amsterdam.

Na Zeewolde komt er weer een stad op het programma. Een stad in het rietmoeras te bouwen, Almere, maar nu een stad met veel meer potentie. Wat een enorm verschil met de vorige IJsselmeerpolders waar landbouw belangrijk was en de bouw van dorpen een eenvoudige klus leek vergeleken met waar ze nu voor stonden. Een grote, moderne stad in het moeras. Daarbij kwam nog de grote onzekerheid over het droogleggen van de Markerwaard. De berekening was dat de Markerwaard in 1980 droog zal kunnen vallen.

Voor de bevolking van zo'n grote stad als Almere is veel recreatie nodig, daar is van het begin af veel aandacht voor geweest in de vorm van onder meer het aanplanten van bos. De Markerwaard stond nog steeds in de planning. Daarop is Lelystad gebouwd als hart van de IJsselmeerpolders. Het ligt er wat verloren bij als de Markerwaard niet droog gemaakt wordt.

1975 – Grote onzekerheid. De eerste woonkern in Almere gaan bouwen zonder te weten hoe het verder moet. Komt er een spoorlijn en waar komt ze te liggen. Zonder te weten wanneer gebouwd gaat worden aan Zeewolde. En wanneer valt de Markerwaard droog en valt ze wel droog? Hopelijk neemt de Regering in 1975 de beslissingen omtrent omvang van Almere en het droogvallen van de Markerwaard. Almere is nu nog een moerasgebied.

In 1976 vond een bestuurswisseling plaats. Dr. Ir Otto nam afscheid van de Rijksdienst IJsselmeerpolders. In zijn afscheidswoord memoreerde hij dat het prachtige werk ook vaak moeilijk is. Bagger veranderen in prachtige grond gaat vaak met veel moeilijkheden gepaard.

Dr. Otto was Directeur van de rijksdienst, tevens Landdrost.

Het bestuur werd overgenomen door Prof. Dr. Ir. van Duin. De dubbele functie werd gesplitst: Van Duin werd Directeur van de Rijksdienst; J. Lammers werd Landdrost.

In 1978 begon de uitgifte in Zuidelijk Flevoland.

Er werden in 12 jaar 275 landbouwbedrijven uitgegeven.

1979 – Eerste paal in de grond voor de eerste boerderij in Zuidelijk Flevoland.

1980 – De Markerwaard komt nog steeds niet in zicht.

1980 – Streefdatum voor de gemeente Almere is 1984.

1981 – Het grootlandbouwbedrijf is 19 000 ha groot. Het ontginningsplan is 1000 ha.

1984 – Markerwaard of geen Markerwaard? Het gehele gebied Zuidelijk Flevoland is gemeentelijk ingedeeld. Nog taken voor de Rijksdienst voor infrastructuur van Almere en Zeewolde en een krimpend areaal van nog uit te geven landbouwgrond. Nog steeds geen uitslag over de Markerwaard.

Prof. van Duin slaat in de vrieskou de eerste paal voor de eerste boerderij in Zuidelijk Flevoland. Prachtige moderne bedrijven op prachtige grond. Mijn liefje, wat wil je nog meer.

Directie Flevoland van de Rijkswaterstaat

Ir Jansen, Prof. van Duin. en Ir. De Koning

Op 1 juni 1986 werd besloten tot integratie van de RIJP en ZZW.

Prof. Dr. Ir. van Duin is interim-manager. Ir. de Koning neemt zijn taak bij de RIJP tijdelijk over. Ir. J. Jansen blijft tijdelijk belast met de leiding van Zuiderzeewerken.

In 1987 hoopt men tot één organisatie te komen.

Op 12 september 1986 heeft de regering besloten de drooglegging van de Markerwaard uit te stellen. Dit wegens grote bezuinigingen.

Zeewolde manifesteert zich steeds meer als het dorp aan het water, ook buitendijks.

Het ministerie van Binnenlandse Zaken wil per 1 januari **1986** gestalte geven aan de twaalfde provincie. Belangrijk is de Werkgroep Instelling Polderprovincie (STIPP).

1989 – **Ir. de Koning en Prof. van Duin** namen afscheid van de Dienst wegens het bereiken van de pensioengerechte leeftijd. Ir. **van de** Wildt neemt de taak van Van Duin over.

De Directie Flevoland 1989

Klinken op de nieuwe Directie. De minister klinkt met Ir. van de Wildt, de nieuwe directeur van de Directie Flevoland. Bij het klinken hoort een feest. Het ging er royaal aan toe, zelfs een viskar was daarbij aanwezig met een uitgebreide diner voor alle werkers. Wat is dat veranderd na onze tijd.

Cultuurrijp/Waterwijzer

De Directie Flevoland in wording. Met het veranderen van de organisatie veranderde ook de naam van het maandblad voor het personeel van Cultuurrijp naar Cultuurwijzer.

Zoals het Zuiderzeegebied zelf, zo is ook de organisatie van de betrokken uitvoerende Diensten aan verandering onderhevig. Ruimtelijk gezien heeft het beschermen van het gebied tegen overstromingen al een halve eeuw zijn beslag gekregen en het droogleggen van de polders is haast voltooid. Bestuurlijk is het drooggelegde gebied gemeentelijk en provinciaal ingedeeld, zijn er waterschappen ingesteld en komen we in normale verhoudingen. Zoals de opheffing van het Zuiderzeefonds en van de Zuiderzeeraad en meer nog door de inpassing van de zelfstandige Dienst Zuiderzeewerken in het grote lichaam van Rijkswaterstaat, waarmee deze Dienst veranderde van een inpolderingsdienst in een beheersdienst.

En nu staat de Directie voor de situatie dat het werk nog niet gereed is: er ligt immers nog een grote polder onder water.

In 1990 kwam het besluit tot het niet doorgaan van de Markerwaard

De Dienst moest afgebouwd worden. Er lag nog veel grond rond Almere, Lelystad en Zeewolde. Er was toen nog 10 000 ha grond in exploitatie, verder was nog in beheer en onderhoud 6600 ha bos en landschappelijke beplanting, 6000 ha natuurterreinen en stedelijk groen. Aan landbouwgewassen had de Dienst: 2400 ha wintertarwe, 260 ha zomertarwe, 2500 ha gerst, 134 ha haver, 2550 ha koolzaad, en verhuurd: 480 ha vlas, 230 ha conservenerwten/bonen, 170 ha aardappelen, 1100 ha luzerne/rode klaver.

1994 – Directie Flevoland beraadt zich over de toekomst voor het personeel en de organisatie. Herscholing en bijscholing, herplaatsing, natuurlijk verloop, de 55-plusmaatregel en de reguliere wachtgeldregeling moeten de individuele problemen zoveel mogelijk tegengaan. De Directie heeft haar uiterste best gedaan om het personeel zo goed mogelijk te begeleiden bij deze omschakeling. Het grootse werk loopt zo met veel onzekerheid af.

Rechtspositie personeel onder stamnummer

De rechtspositie van die werknemers onder stamnummer was vóór, maar ook tijdens de overgang in De Rijksdienst voor de IJsselmeerpolders ronduit slecht. Ze konden je van de ene op de andere dag ontslaan. Normaal deed de leiding dat niet. Dit personeel was zeer belangrijk. Maar toen in Zuidelijk Flevoland het onzeker werd of de drooglegging van de Markerwaard door zou gaan en het personeel eens ontslagen zou kunnen worden, begon deze situatie bij het personeel mee te spelen. Het personeel werd ook in andere taken van de Dienst tewerkgesteld.

Een gelukkige omstandigheid was dat veel arbeiders op leeftijd kwamen na 25 tot 40 jaar in dienst te zijn geweest en met de vut gingen. Daarbij speelde ook mee dat de mechanisatie op een hoger plan kwam. Er was in Zuidelijk Flevoland daardoor veel minder personeel nodig. Zo ontstond een geleidelijke afvloeiing. Bij deze inkrimping van het personeel heeft de directie zich zeer sociaal opgesteld.

RIJP, ALL over de wereld

Peru, Venezuela, Suriname, Korea, Indonesië, Pakistan, Jemen, Tanzania, Egypte, Zanzibar, Saudi-Arabië, Roemenië, allemaal landen waar de RIJP-activiteiten ontplooit of dat heeft gedaan. Op verschillende plaatsen in de wereld hielp de RIJP bij het oplossen van problemen op het terrein van ontwatering, land- bouw en stedenbouw. De Dienst stelt daarbij zijn kennis en kunde beschikbaar, die ze gedurende meer dan een halve eeuw heeft opgebouwd bij het in cultuur brengen van gronden en het stichten van nederzettingen in de IJsselmeerpolders. Binnen de Dienst functioneerde een werkgroep Buitenland.

1996 – Een gedenkwaardig jaar

Bij de Nieuwjaarstoespraak van het toenmalig hoofd van de Dienst, Ir. C.D. van der Wildt sprak hij over het toekomende jaar. Een jaar waarin de Rijksdienst zijn ontginningstaak in het IJsselmeergebied beëindigt en het laatste ontginningsgebied overgaat in normale situaties, waarbij het burgerlijk bestuur de verantwoordelijkheid overneemt.

Spreker memoreert het prachtige werk dat uitgevoerd is in het IJsselmeergebied. Een werk dat bewondering afdwingt tot ver in het buitenland.

Hij dankte al die mensen die hebben bijgedragen aan dit bijzondere werk. Maar vooral de mannen die in stof, modder, hitte en kou die klus geklaard hebben en hun vrouwen die hun mannen opvingen na hun zware taak: de onafzienbare en onbegaanbare moddervlakten omtoveren tot prachtige vruchtbare grond.

1 november 1996 zijn de laatste landbouwbedrijven uitgegeven. Wat rest zijn 415 ha voor noodgevallen, uit te geven door normaal Domeinbeheer.

De laatste oogst

In **1927** viel de proefpolder bij Andijk droog. We kunnen aannemen dat het jaar daarop de eerste oogst plaatsvond. De jaarlijkse oogsten in de Andijkpolder, daarna vervolgens in de Wieringermeerpolder, de Noordoostpolder, Oostelijk Flevoland, Zuidelijk Flevoland. En in **1996** de laatste oogst van het grote ontginningsbedrijf na 68 jaren ontginning en oogst. In het blad van de Dienst, Cultuurwijzer, van 1996, stond een leuk artikel waarbij de werkers over hun betrokkenheid vertelden.

1. De schatbewaarder oftewel de magazijnmeester Siem Meijers.
Het Centraal Magazijn (CM) in Zuidelijk Flevoland beschikt over twee ontvangstinstallaties voor granen en koolzaad, een op QZ 6 en een op BZ 47 met een opslag van 9000 ton en een loods voor 6000 ton.
Het CM verzorgt in de oogst ook voor maaltijden tijdens het overwerk in de avond.

2. De verkoper Jan Driegen.
De oogst van 1996 levert naar schatting 60 000 ton landbouwproduct op met een waarde van ongeveer 15 miljoen. Dit is bij de Dienst die al bijzonder is afgeslankt. Een deel wordt direct afgezet, de rest blijft in opslag. Belangrijk is de marktverkenning het hele jaar door om de gunstigste prijs te krijgen.

3. De opzichter Cees Verschure van het bedrijf AZ 104.

Ideaal is het als alles vlot verloopt. Vaak zijn er problemen als regen spelbreker wordt. Vooral met buien. Op het uitgestrekte bedrijf kan het op de ene plaats droog blijven terwijl het op een andere plaats nat is. Dan heb je het materiaal op verschillende plaatsen staan en er is dan veel te regelen.

4. De droger Jan Schaafsma.

Runt het silobedrijf op QZ 6. Schonen, sorteren van zaaizaden en brouwgerst, zaaizaad klaarmaken en afleveren. Bij het drogen moet het product teruggebracht worden op 16 procent. Als het erg nat is, moet het soms meerdere malen over de droger. Vaak werken in het stof en met veel lawaai van de machines.

5. De bestuurder van de megacombine Joop van der Veen.

Ten opzichte van andere combines heeft deze een dubbele capaciteit. Een boordcomputer geeft de zaadverliezen en het aantal gedorste ha aan. Elke storing wordt aangegeven met een lampje. In de aircocabine zit zelfs telefoon. Je moet scherp zijn op alle geluiden.

6. De zaadtransporter Herbert Poortman. Een trekker en twee volle zaadwagens wegen 24 ton met een lengte van 18 meter. Vaak over smalle polderwegen. Je moet niet met de wielen in de zachte berm komen, dan kom je op de kop in de sloot terecht. Op grotere wegen raast het verkeer je voorbij. Het is vermoeiend werk. De wagens hebben wel oplooppremmen, maar zo'n vracht drukt wel door. Idealer zou zijn als de containers op de kavels op de vrachtauto werden geladen, maar dat kan vaak niet door de bodemgesteldheid.

7. De zwadmaaierbestuurder Jan Ketelaar.

Dit jaar is het maar een klein stukje koolzaad; drie dagen en het is klaar. Andere jaren was ik wel drie weken bezig, vaak met lange dagen. Het zwad koolzaad moet egaal liggen, dat is voor de combine belangrijk. Ervaring speelt een grote rol, vooral als het een zwaar gewas koolzaad is of met veel onkruid.

8. De administrateur Sebiha Ales.

De dagtaak begint met het bellen van de opzichters om de vorderingen van het oogsten op te nemen en in te voeren in de computer de uitdraai moet naar de postkamer zodat alle bedrijven op tijd het overzicht ontvangen. Alle gegevens met tonnen en vochtgehaltes worden gebruikt bij de oogstbespreking om 10 uur.

9. Het rayonhoofd Frits Kruizinga is een soort spelverdeler.

Bij de vergadering om 10 uur wordt de planning gemaakt voor de dag. Per fax wordt het direct aan de bedrijven gemeld. Het weer is heel belangrijk. Het bedrijf heeft een abonnement op Meteo-Schiphol zodat we wat het weer betreft beter kunnen plannen. In de middag de gang langs de bedrijven.

De opbrengsten zijn enorm, vergeleken met 30 jaar terug. Zomergerst 6700 kg per ha, wintertarwe 9500 kg, koolzaad 4000 kg. Opbrengsten om van te smullen. Zuidelijk Flevoland heeft ook eerste klas grond.

De oogstcampagne werd op 24 september 1996 feestelijk afgesloten.

Al het personeel verzamelde zich in de bedrijfsschuur van C 49a. Voor ongeveer vier mensen is de toekomst nog onzeker. De anderen hebben een andere plaats. Enkelen zijn naar **Stichting Erf** gegaan. Er is nog een foto genomen van al het personeel. Wat een klein groepje na al die duizenden werkers in de loop van de jaren. Het stemt weemoedig na zo'n geschiedenis en zo'n lange tijd. Feest in de schuur. Feest met een wrang bijsmaakje. Zelfs de viskraam kwam eraan te pas

In januari **1997** werden de laatste gronden uitgegeven aan de landbouwers en hield het Grootlandbouwbedrijf op te bestaan.

De Centrale werkplaats is overgenomen met het personeel door
een Technisch Service Centrum. Er was al veel personeel op leeftijd die met vervroegd pensioen konden. De Dienst heeft haar
best gedaan om de overige arbeiders aan ander werk te helpen.

Van Noud Vincenten kreeg ik nog een aantal foto's van het werken in Zuidelijk Flevoland. De Dienst gebruikte het beste van
het beste materiaal, daarmede heeft ze ook een groot aandeel
gehad in de enorme veranderingen in de hoog geclassificeerde
landbouw in Nederland

Stichting Erf

In 1990 kwam het besluit tot het niet doorgaan van de
Markerwaard.

De Dienst moest afgebouwd worden. Er lag nog veel grond
rond Lelystad, Zeewolde en Almere, die nodig is voor bewoning,
industrie en recreatie in de toekomst.

1 november 1996 werd de Stichting Exploitatie Reservegronden
ingesteld, Stichting ERF. Deze stichting moest deze grond exploiteren tot ze nodig was voor andere doeleinden.

De Stichting nam onder meer de ontginningsbedrijven GZ
68 en AZ 104 van de Rijksdienst over

Totaal ongeveer 4000 ha. Personeel van de Rijksdienst kon
ook overgaan naar de Stichting Erf: het grootste privaat biologische landbouwbedrijf van Nederland, met drie kernpunten:
1. Duurzaam grondbeheer.
2. Biologische teelt.
3. Kennisontwikkeling en kennisdeling.

Het programma Nieuwe Natuur werkt samen met Stichting
Flevolandschap, Wageningen University Research en het Louis
Bolk Instituut.

Onder meer pionieren in de ontwikkeling van de landbouw voor de toekomst.

Experimenteren met strokenteelt. Stroken van 6, 12, 24 en 48 meter. Door omwisseling van gewassen en bloemstroken proberen om de meest gezonde en optimale opbrengsten te krijgen met zo weinig mogelijke vreterij en ziekten.

In en bij Oosterwold ontstond een stadsdeel van Almere met een gezamenlijke gebiedsontwikkeling. Van bioland naar stadsrand.

In 1918 begon de ontginning van het vroegere Zuiderzeegebied in de Wieringermeer, daarna de Noordoostpolder, Oostelijk Flevoland en als sluitstuk Zuidelijk Flevoland. De ontginning vond hier zijn einde. De plannenmakers van honderd jaar geleden hebben nooit kunnen dromen dat het zo zou eindigen. De ontginning eindigt waar de stad begint.

Het moet voor de stedeling wel bijzonder geweest zijn toen de bloeiende koolzaadvelden aan hun stadsrand te zien waren. De aan de ogen haast pijn doende kleur, de zware lucht en de vele bijenkasten. En het brommend geluid van de combines bij het dorsen van de granen en koolzaad. Het moet voor hen fascinerend zijn geweest, terwijl het in werkelijkheid de zwanenzang was: het einde van het grootse werk, de ontginning van de IJsselmeerpolders.

Almere

Projectbureau Almere, ingesteld in 1968 door de Rijksdienst van de IJsselmeerpolders.

Wageningse, Delftse ingenieurs en bouwkundigen onder anderen Rem Koolhaas, onder voorzitterschap van Prof. Dr. Ir. van Duin.

Uitgangspunten voor het projectbureau:

1. Almere draagt bij aan het oplossen van de woningbehoefte in de regio.
2. Almere is toekomstbestendig door een flexibele opzet.
3. Almere biedt plaats voor iedereen.
4. Almere biedt ruimte voor individuele ontplooiing.
5. Almere draagt bij aan het ontstaan en behoud van een gezond milieu.
6. Almere ontwikkelt een stedelijke cultuur in het groen.

Almere Stad

De internationale concurrentiekracht van de Randstad staat onder druk. De Randstad heeft ruimte nodig om te groeien. Almere heeft die ruimte.

Voor Almere is de meerkernige opzet uitgangspunt. De Schaalsprong zal de bestaande stad niet aantasten, maar zal deze verrijken en versterken.

Almere is een ecologisch duurzame stad. Zij heeft een goede relatie met het omringende landschap. Almere loopt voorop bij innovaties op het gebied van duurzame gebiedsontwikkeling.

Almere verkleurt van gezinsstad naar een diverse samenleving. In 2030 heeft zij de grootstedelijke voorzieningen die kenmerkend zijn voor een stad met 350 000 inwoners in de context van een samenhangende metropoolregio.

Almere versterkt de Noordelijke Randstad. Het wordt een openbaar vervoer-stad. De IJ-meerlijn is de drager voor een verantwoorde ontwikkeling en succesvolle metropoolvorming.

Almere Centrum is het culturele hart van de stad. Station Almere Centrum groeit uit tot een hoogwaardig verkeersknooppunt. Almere Weerwater is een autonome snelweglocatie en vormt de verbindende schakel tussen stad en haven.

Almere Oosterwold geeft ruimte aan individuele woon- en werkidealen en organische groei.

De naam Almere ontstond toen het toenmalige Fleva Lacus (door de Romeinen zo genoemd) door stormen vanaf de Noordzee door veenafslag veel groter werd. Het water werd toen Almere genoemd. De invloed van het Noordzeewater werd steeds groter. Het veen werd grotendeels weggeslagen. Het Almere van nu gaat dezelfde kant op, het wordt groter en groter.

De eerste zandopspuiting van Almere

De eerste opspuiting van Almere en het ontstaan van het **Weerwater**.

In het hart van Almere ligt een grote waterplas, die de recreant volop mogelijkheden biedt. Oorspronkelijk een zandwinplaats is het nu een klein paradijs voor de zwemmer, surfer en visser. De aanleg en inrichting van het Weerwater, zoals deze centrale plas heet, komt op naam van de RIJP. Die klus is nu klaar; alles wat er nu aan de inrichting van het Weerwater te verhapstukken valt doet de gemeente. Er zijn nog twee zandzuigers bezig met de tweede opspuiting.

1995 – De stad Almere in ontwikkeling, links en rechts zijn nog de landbouwbedrijven te zien in de ontginning. De kleur geeft het gewas aan wat er dat jaar op groeit.

De Groene kathedraal, onderdeel van een groene stad. Een schepping van beeldend kunstenaar Marinus Boezem.

Het is een nabootsing van de kathedraal van Reims, een landart-project dat bestaat uit 176 Italiaanse populieren.

Het ligt op een oud zanddepot. In de vorm van de kathedraal is de grond 50 cm opgehoogd. Daarop de bomen. Elke boom is met uiterste precisie geplant, berekend door de Landmeetkundig Dienst. Op de werkelijke afmetingen van de kathedraal in Reims.

In 2022 werd de Floriade gehouden bij het Weerwater. Een visie op de toekomst.

Het door zandopspuiting ontstane water, genaamd Weerwater geeft Almere over het water kijkend een prachtig zicht. Niet voor niets kreeg het de naam 'Manhattan aan het weerwater' Het geeft eenzelfde blik als New York in de Verenigde Staten.

Reeds in 1885 was er in een tijdschrift sprake van de 12de provincie in de Zuiderzee. Er is sindsdien veel water door de Rijn gestroomd, maar 1 Januari 1986 werd bij stemming in de Eerste Kamer de Provincie Flevoland ingesteld'.

Techneuten hebben het voorbereidende werk gedaan, maar de mannen die de onafzienbare en onbegaanbare baggervlakten maakten tot prachtige, vruchtbare grond, die verdienen bewondering. Zij maakten een oase in het natte hart van Nederland.

Eens de lelijkste plaats in *Nederland, nu met de mooiste binnenstad van het land.*

Op 1 mei 2018 heeft Almere 205 000 inwoners. Een stad met veel groen, veel mooie fietspaden, prachtige parken, busbanen en brede wegen. Ook een voetbalclub met allure. En met een Floriade. Een volk dat leeft, maar ook een stad die leeft en bouwt aan zijn toekomst.

Op **13 juli 1918** werd het plan bekend gemaakt door Ir. H. Wortman over de afsluitdijk en de inpolderingen.

Op **13 juli 2018** zie je zo'n foto van Almere. Wat een ontwikkeling in het Zuiderzeegebied in die 100 jaren, ongelofelijk.

In 1927 kwam de proefpolder Andijk klaar, dat jaar ben ik ook geboren. Daarna de Wieringermeer met de problemen in de beginperiode. De Noordoostpolder in de oorlogstijd met zijn problemen. Gewerkt met het materiaal uit de Wieringermeer. Dan Oostelijk Flevoland, uitbouw in een grote mechanisatie die in Zuidelijk Flevoland uitgewerkt werd tot een grote geoliede machine.

Ik ben er trots op dat ik daar veertien jaar aan meegewerkt heb. Het veranderen van het natte hart van Nederland, een boeiende geschiedenis.

'Dankbaarheid' is de titel van het gedicht vóór in het boek. Terugkijkend ben ik dankbaar dat ik dit schrijven in 2023 in mijn 95ste levensjaar heb kunnen verwezenlijken.

Van Afsluitdijk tot Manhattan aan het Weerwater.

Op de kaft staat een prachtige afbeelding van het Weerwater en de eerste bewoners van Almere. Almere de steeds groter wordende stad genoemd naar in het verleden steeds groter wordend water dat Zuiderzee werd. Op de kaft ook de woningen van de eerste bewoners uit het overbevolkte Amsterdam. Het zou ook Nieuw Amsterdam kunnen heten.

Ik las een boek van de stad New York. In 1625 kochten Nederlandse emigranten in Amerika een eiland van de indianen. Deze indianen noemden het eiland Manna Hattan. De Nederlanders veranderden het in Nieuw Amsterdam. In een roerige tijd werd het door de Engelsen Manhattan genoemd nu een prachtige wijk van New York. In dat boek heb ik een mooie foto gezien vanaf de Upper West Side van de hoge gebouwen van Manhattan.

In een tijdschrift zag ik een foto van de stad Almere van over het Weerwater met grote letters Manhattan aan het Weerwater. Met beiden een treffende gelijkenis.

100 Jaar ploeteren in de modder en dan zo'n stad als eindpunt.

Gre en ik waren op een van onze vele fietstochten aangeland in restaurant 'Lands End' in Ketelhaven met uitzicht op de monding van de IJssel waar we genoten van een kopje koffie en het uitzicht over het water, toen er iemand op mijn schouder tikte. Ik draaide mij om, het was Geertsema, aan de Botweg enige tijd

onze technisch opzichter. "Ik dacht het al, De Wit." Zijn vrouw
en hij schudden ons de hand.

Wij nodigden hen uit bij ons aan tafel. Het werd al gauw het
gesprek over vroeger. Geertsema's vader was al landbouwkundig
opzichter in de proefpolder Andijk voor ze in de Wieringermeer
begonnen. Hijzelf werd technisch opzichter bij de Dienst. Hij
vertelde over die tijd maar ook over de tijd namens de Dienst
in het buitenland en in het Zuidwesten van ons land.

Ik was met mijn verhaal bezig voor onze kleinkinderen en
vroeg hem of hij zijn ervaringen op papier gezet had. "Och," zei
hij, "wie zit er op mijn verhaal te wachten?"

"Maar de Dienst heeft het hart van Nederland wel ingrij-
pend veranderd, mede door uw handelen," was mijn reactie.
Hij was even stil. Toen zei hij: "Weet je, De Wit, onze grote baas
Ir. Prummel vroeg eens aan zijn inspecteurs, technisch- en ontginningsopzichters om hun ervaringen over de ontginningen
van de IJsselmeerpolders op papier te zetten. Er was er niet
een die het gedaan heeft. Wij waren doeners, geen schrijvers."

"Jammer," was mijn conclusie. Dat vond hij zelf ook wel.

Over het ontginningswerk is maar weinig geschreven, terwijl
het toch een belangrijk stuk geschiedenis opgeleverd heeft. Het
is zo: ze waren doeners geen schrijvers.

Bronnen

Verhalen over de Wieringermeer komen ook uit de Katholieke
Illustraties uit de jaren 1878/1950.

Veel komt er ook uit de maandbladen die de Directie aan
het personeel gaf. Onder Ons, later Cultuurrijp, Cultuurwijzer
en Waterwijzer.

Maar ook van een boek van een pionier in de Wieringermeer
dat onder de werkers in Oostelijk Flevoland in de jaren '60 rond
ging. De verbazing over deze mannen hoe zo mooi de grondslag
is gelegd voor de latere ontginningen. Hoe die lijnen in de latere

polders zo zichtbaar waren en het draaide als een goed geoliede machine.

In de Wieringermeer was het 'Directie van de Wieringermeerwerken'.
In de Noordoostpolder was het 'Wieringermeer Noordoost-polderwerken'.
In Oostelijk Flevoland werd het 'Rijksdienst IJsselmeerpolders'
In Zuidelijk Flevoland werd in 1986 besloten tot integratie van de RIJP Rijksdienst IJsselmeer Polders en de Dienst Zuiderzee Werken tot normale Nederlandse omstandigheden.

Dronten, 16 december 2011

Uitgifte van mijn boek, Wanneer de Polder Vonken Slaat Door Erfgoed Nieuwland.

Bij de presentatie van het boek '**Wanneer de Polder Vonken Slaat**' van A.J. de Wit (auteur) gaf ik, Anton de Wit, het een eerste exemplaar aan Ir. De Koning, de laatste directeur van het groot ontginningsbedrijf.

Hij hield een toespraak, die hieronder is opgeschreven. Wat hij toen zei ontging mij wat in die bijzondere situatie. Het was toen **16 december 2011** in het gemeentehuis van Dronten.

Op **21 februari 2018** plaatste het hoofd van Erfgoed Nieuwland, Mevr. W. van der Most deze rede op internet. Waarom en waarom 6 jaar later weet ik niet maar toen pas begreep ik de woorden van Ir. De Koning en de waardering voor de geschiedenis.

Ir. Cris de Koning:

"Nu ik hier zo sta en terugkijk in de geschiedenis van de plaats Dronten dan denk ik dat u, mijnheer De Wit, van de aanwezigen één van de weinigen bent, die kan zeggen: "Ik was hier al aan het werk voordat er zelfs maar aan de eerste ontwikkeling van de bouw van het dorp Dronten kon worden begonnen."

Eerst moest het riet afgebrand worden, sloten en greppels gegraven en een aantal jaren landbouw worden bedreven. De grond moest indrogen, inklinken en voldoende rijp zijn voor verdere bestemmingen. U hebt deze periode in uw boek zeer treffend beschreven. U hebt ook in uw werkzame leven, net als ik, ervaren hoe uniek het is aan het Zuiderzeeproject mee te hebben mogen werken. Wij willen die vonken niet alleen aan onze kleinkinderen laten overslaan, maar aan allen, die belangstelling voor de geschiedenis van het nieuwe land hebben.

Als Rijksdienst voor de IJsselmeerpolders waren we een ontwikkelingsbedrijf. Veel dingen moesten worden uitgevonden en vooral ook goed voorbereid. Gedegen onderzoek, daarop plannen maken en vervolgens uitvoeren. Door een goede samenwerking tussen praktijk en onderzoek werden nieuwe werkmethoden en werktuigen ontwikkeld. De Rijksdienst heeft zodoende in Nederland belangrijk aan innovatieve ontwikkelingen op allerlei gebied kunnen bijdragen.

in de sector, waarin u hebt gewerkt, heerst bovendien een bedrijfsmatige sfeer. Er moest verdiend worden met de gewassen. En het landbouwkundig gebeuren dwong af dat de werkzaamheden op tijd moesten worden uitgevoerd. Deze aanpak had zijn uitstraling in de hele Dienst. Daarom lukte het ook om in de andere sectoren van het project binnen de gestelde tijden landbouwbedrijven, bossen, dorpen en steden te realiseren. Gelukkig is er over de technische kanten van deze werkwijze veel gepubliceerd en vastgelegd. Veel minder is dit het geval met de menselijke aspecten van het werk. De laatste tijd is daar gelukkig meer belangstelling voor. Recente symposia van het Genootschap Flevo over samenlevingsopbouw en identiteit van Flevoland laten dat zien. Maar het zijn vrijwel altijd beschouwingen van mensen, die de betreffende gebeurlijkheden niet zelf hebben uitgevoerd of meegemaakt. Met uw boek is dat niet het geval. U hebt het zelf allemaal beleefd, waargenomen en op een boeiende wijze in al zijn facetten beschreven. Dat heb ik zo niet eerder meegemaakt.

Met uw levensbeschrijving laat U zien, hoe een echte pionier in een nieuw stukje Nederland met een ondernemende instelling uiteindelijk een mooie boerderij heeft opgezet. U geeft daarbij ook aandacht aan de velen, die dat niet gelukt is. Dat was de keerzijde van de medaille. Het aantal kandidaten was vele malen groter dan de beschikbare bedrijven. Om over de toewijzing toch op een verantwoorde wijze besluiten te kunnen nemen, zijn een vast aantal uit de opvattingen van de Staten Generaal voortgekomen criteria gehanteerd. Daarvan waren de belangrijkste: kennis, financiële draagkracht en bereidheid – zo mogelijk met ervaring – bij te dragen aan de opbouw van de nieuwe samenleving.

Verreweg het grootste deel van uw boek gaat over het grootlandbouwbedrijf van de RIJP. Als ik de nauwgezetheid zie waarmee u schrijft over de werkzaamheden, de namen van mensen en de loopbaan, die U gevolgd hebt, moet u wel een dagboek hebben bijgehouden. Velen herkende ik, maar het was vooral de menselijke maat, die U hanteerde, die mij trof. Ik denk dat velen van hen, die bij de ontginning en het in cultuur brengen betrokken waren, het bijzonder waarderen dat U dit allemaal op zo'n uitstekende wijze hebt vastgelegd. Vanuit mijn positie wil ik mijn dank hier graag aan toevoegen. Ik stel het zeer op prijs van U zelf een exemplaar te hebben gekregen."
Anton J. de Wit

De auteur

Anton J. de Wit werd geboren op 3 november
1927 in Bodegraven. Hij doorliep de Landbouwwinterschool en de Mulo, waarna hij veertien jaar
werkzaam was in de ontginning van de Zuiderzee.
Daarna was hij gedurende vijfentwintig jaar als
pachter actief op een akkerbouwbedrijf.
De Wit ontwikkelde een grote interesse in de loca-
le geschiedenis. Hij maakte deel uit van een aantal
besturen van organisaties.
Op zijn 70e verjaardag deden zijn kinderen hem
een computer cadeau. Toen is hij begonnen met
het opschrijven van zijn levensverhaal. Dat resulteerde in de publicatie: Wanneer de polder vonken
slaat.

De Wit woont momenteel in Dronten. Hij is ge-
huwd en heeft twee kinderen.